わかりやすさのための制度設計
―ゲーム理論と心理学の融合―

松島 斉

三菱経済研究所

はじめに

　本書は，筆者による以下の学術論文を，ゲーム理論の入門書も兼ねて，わかりやすく解説するものである．

Hitoshi Matsushima (2017): Framing Game Theory, Discussion Paper CIRJE-F-1072, University of Tokyo.

　本書は，ゲーム理論に心理学的な視点を融合させて，新しい社会科学の理論を模索する試みである．ゲーム理論は，プレーヤー（経済主体）を合理的な存在であると仮定することによって発展してきた，経済学や社会科学のための応用数学である．しかし，極端に強い合理性を仮定することは，経済や社会の問題の本質を明らかにすることを妨げることがある．そのため，合理性をもっと広く解釈するか，あるいは合理性を弱めていくなどして，アプローチのなんらかの方針転換が必要である．

　問題は，このような新しい理論的展開を，どのような方針でおこなうかである．たとえば，現実に観察された非合理な行動パターン（アノマリー）を，ただやみくもに，パッチワークのように，既存の理論に張り付けていくやり方では，現実を抽象化して本質を顕在化する社会理論の本来の使命を果たすことはできない．しかし，実在する野心的研究といえども，この批判を逃れているとはいいがたい．

　そこで，本書は，ゲーム理論が仮定するプレーヤーの合理性の中でも，特にゲーム理論の分析全体に欠かせない要素である「仮説的思考

ii

（hypothetical thinking)」にフォーカスをあてることにした. 仮説的思考とは，実際には観察されていない事象について網羅的に仮説を立てて検証する思考方法のことである.

ゲーム理論における合理的プレーヤーは，「相手の立場に立って考える」ことによって，自身がどの戦略を選択するのが望ましいかを割り出している. そして，「相手の立場に立って考える」という思考のステップは，まさに仮説的思考の実践の好例である. だから，仮説的思考は，戦略的相互依存における合理的意思決定，つまりゲーム理論には，欠かすことができないのである.

しかし，ゲーム理論が合理性を仮定することに疑問を感じることになるケースのほとんどは，実際の経済主体がこのような仮説的思考をうまく実行できないことに起因している. たとえば，オークションにおける「勝者の呪い (Charness and Levin (2009))」，オークションにおける「overbidding (Harstad (2000))」，「ナイーブな投票行動 (Esponda and Vesta (2014))」，「アレのパラドックス (Esponda and Vesta (2016))」，「エルスバーグのパラドックス (Esponda and Vesta (2016))」など，経済学や社会科学においてよく知られている多くのアノマリーは，みな共通して，現実の経済主体が仮説的思考に失敗していることが原因である. 本書は，これらの研究に強く触発されて書かれたものである.

仮説的思考を不得手とする限定合理的なプレーヤーについて新しいゲーム理論を構築するというチャレンジは，近年の静かな学術的トレンドでもある. Eyster and Rabin (2005), Jehiel (2005), Esponda (2008), Li (2017) などはその代表的な研究である. これらの研究の中でも注目されるのは Li (2017) である. Li は，プレーヤーが非常に限定合理的であるため仮説的思考が全くできなくても，合理的プレーヤーと遜色のない意思決定をおこなうことができる可能性について考察した.

Li は，オークションにおいて，二位価格入札はプレーヤーに仮説的思考を強く要求するが，せり上げ入札はそうではないことを指摘して，

せり上げ入札のポピュラリティーの根拠を示した[1]．Li が新しく提示した「あきらかな耐戦略性（obvious strategy-proofness）」，あるいは「あきらかな優位戦略（obviously dominant strategy）」といった概念は，仮説的思考ができないプレーヤーでも優位戦略をプレイできることを示す解概念であり，本書においても重要なベーシックになる．

　本書は，このように，Li (2017) にも触発されているが，しかし，目的は以下のように大いに異なる．Li が暗黙に立脚するのは，現実のプレーヤーは仮説的思考が全くできないほど極端に限定合理的であるため，現行の制度（ルール，メカニズム）を大胆に変更して，仮説的思考を使わなくても合理的プレーヤーと同じ決定ができるように，別の簡便なメカニズムを設計するべきだ，という政策的スタンスである．このスタンスの代表例が，二位価格入札のような封印入札をやめて，せり上げ入札のような公開型に切り替えよ，という提言である．

　しかし，このような提言には，一般的には限界がある．というのも，せり上げ入札のような都合のいいメカニズムは例外的であり，一般的な問題においてはめったに存在しないからだ．仮説的思考を使わないでも合理的な選択決定ができる制度設計の余地は，非常に限られているのである．

　このことを踏まえて，本書は，Li (2017) とは全くことなるスタンスに立脚することにする．つまり，プレーヤーを，かなり合理的であるが，仮説的思考の実行を億劫がる存在である，つまり「少しだけ」限定合理的な存在であると想定するのである．そして，さらに大事な点として，Li (2017) が想定するようには，制度を抜本的に変更できないとする．

　そのため，本書は，現行の制度はそのままにして，その代わりに，仮説的思考を億劫がる限定合理的なプレーヤーの肩をポンと押してあげ

---

[1] せり上げ入札および二位価格入札の詳しい説明については，本書 1.9 節を参照されたい．

iv

て（nudge），仮説的思考を積極的におこなう動機を上手に提供してあげる方法を模索するのである．つまり，限定合理的プレーヤーに上手にヒントを与えて，正しい推論的思考を導くような,「心の指南書」をデザインするのである．

このような心の指南書は，合理的プレーヤーにとっては不必要なもの（supposedly irrelevant factors, SIFs）かもしれないが，限定合理的プレーヤーには必須アイテムになる．本書は，心の指南書，つまり，限定合理的プレーヤーのための心理的プロセスのことを,「フレーム（frame）」と呼ぶ．

フレームという用語は，本来心理学の専門用語であるが，本書では少し異なる意味合いで使われることになる．その理由は，複数のプレーヤーに共通の，矛盾のない指南書（フレーム）を作成しなければいけないという点にある．そのため，フレームをデザインする問題自体が，戦略的相互依存，つまりゲーム理論の，新しいタイプの問題になる．このことが，従来のフレームについての研究とは一線を画する主要因になる．

ゲーム理論を「心の作用の問題」としてとらえる本書の視点は，今まであまりポピュラリティーを得ていないものの，Glazer and Rubinstein (1996) などと共通する．Glazer and Rubinstein (1996) は，仮説的思考を扱う本書とは目的を異にしているものの，ゲーム理論の表現形式を心理的プロセスとしてとらえる点において本書と共通するアプローチである．

筆者は，今までの研究者人生において，複雑な資源配分にオークションの方式を適用する可能性について考察を重ねてきた．今日，オークションは，単純な単一財売買から，複数の異なる財の同時配分といった，非常に複雑な問題へと応用されることが，現場レベルで検討されるようになっている．

合理的なゲーム理論によるオークション研究は，今までに非常に発

展してきており，複雑な配分問題に対して，オークションのルール設計についての優れた理論的ベンチマークが考案されている．VCG メカニズムは，その代表例である．

しかし，VCG メカニズムを現場で実施するとなると，我々はさまざまな現実的な困難に直面することになる．そのひとつが，実際のプレーヤーが合理的なゲーム理論通りに行動してくれない，ということにある．そのため，我々は，限定合理的プレーヤーの視点からも，オークションの理論と実践を地道に開発していくべきなのである．

本書は，このような意味で，「新しいゲーム理論」の入門書の，ひとつの形を示したものである．

伝統的なゲーム理論においても，合理性を緩めることによって，定性的性質の一般化を追求する研究は数多くなされてきた．期待効用の公理を弱めて，合理性の理論の一般形を模索する試みなどは，それに該当する．また，非劣位戦略，優位戦略，遂次劣位消去，ナッシュ均衡，完全均衡などといった，さまざまな均衡（解）概念の共存は，ことなる合理性のレベルを扱っているという点において，広い意味において関連している．

本書がこのような今までの研究とは一線を画する主要因は，まず，任意の不完全情報のゲームを，合理的決定に必要な最小限の記述である「物理的ルール」ととらえる点である．次に，この物理的ルールに，フレームという，意思決定のステップの詳細を記述する「心理的プロセス」を，物理的ルールと矛盾しない範囲内で，補足させる点である．そして，とりわけ重要な要因として，フレームを適切にデザインすることによって，たとえ限定合理的プレーヤーであっても合理的な意思決定ができるようにすることをあきらかにする点である．

つまり，本書は，複雑な経済配分が，役人などの裁量によっていつの間にか決められるのではなく，優れたルールや制度をきちんと開発して，それを上手に使いこなすことによって解決されるようにするため

vi

の，いわば「メカデザ（メカニズムデザイン，制度設計）・リテラシー」のための，新しいゲーム理論序説なのである．

　本書の執筆に際して，公益財団法人三菱経済研究所の吉峯寛副理事長，ならびに滝村竜介常務理事から貴重なアドバイスと温かい励ましをいただいた．特に，滝村さんは草稿に目を通され，原稿を毅然とするための建設的なコメントをしていただいた．心から感謝したい．

　2018 年 1 月

松島　斉

目　　次

第 1 章　わかりやすさのための制度設計序説 …………………………… 1

1.1　囚人のジレンマ ………………………………………………… 1

1.2　仮説的思考 ……………………………………………………… 6

1.3　戦略依存型思考（Strategy-Dependent Thinking）………… 8

1.4　物理的ルールと心理的プロセス ……………………………… 12

1.5　仮説と観察 ……………………………………………………… 16

1.6　高次元推論（Higher-Order Reasoning）…………………… 18

1.7　フレームをデザインする ……………………………………… 22

1.8　ニューカムのパラドックス …………………………………… 26

1.9　わかりやすいオークション・ルール ………………………… 29

1.9.1　せり上げ入札と二位価格入札 …………………… 29

1.9.2　仮説的思考の必要，不必要 ……………………… 34

1.9.3　せり上げプロキシ入札 …………………………… 36

1.10　持続的でない合理性 ………………………………………… 39

第 2 章　フレームデザインのゲーム理論 ………………………………… 45

2.1　あきらかな優位戦略 …………………………………………… 45

2.2　フレームの定式化 ……………………………………………… 48

2.3　ほぼあきらかな優位戦略 ……………………………………… 51

2.4　逐次劣位消去にもとづく限定合理性 ………………………… 58

2.5　細部から独立なフレームデザイン …………………………… 64

2.6　アブルー・松島メカニズム …………………………………… 67

2.6.1　社会的選択問題 …………………………………… 67

2.6.2　アブルー・松島メカニズム ……………………… 69

2.6.3　フレーミング・アブルー・松島メカニズム …… 71

2.7 不完備情報への拡張 ……………………………………………… 72

最後に ……………………………………………………………………… 77

参考文献………………………………………………………………………… 79

第 1 章　わかりやすさのための　制度設計序説

1.1　囚人のジレンマ

　第 1 部では，本書の分析全体のエッセンスを簡潔に説明したい．「囚人のジレンマ」と呼ばれる，ゲーム理論の初歩中の初歩の例を再検討することから説明を始めよう．囚人のジレンマを通して，経済学およびゲーム理論における「新しい視点」の所在に気付いてほしい．

　囚人のジレンマとは，二人のプレーヤー（意思決定主体，あるいは経済主体），つまりプレーヤー 1 とプレーヤー 2 が，自身が決めるべき選択を，各々独立に，以下のようにおこなう状況のことである．プレーヤー 1 は，二つの選択肢（戦略，あるいは行動），つまり選択肢 C，選択肢 D，のどちらかを選択する．プレーヤー 2 も同様に，C，D のどちらかを選択する．

　プレーヤー 1 が C，プレーヤー 2 が C を選択した場合，プレーヤー 1 の獲得する利得は 1（1 ポイント，たとえば 1 万円），プレーヤー 2 の利得も 1 であるとする．

　プレーヤー 1 が D，プレーヤー 2 が C を選択した場合，プレーヤー 1 の利得は 2，プレーヤー 2 の利得は −1 であるとする．

　プレーヤー 1 が C，プレーヤー 2 が D を選択した場合，プレーヤー 1 の利得は −1，プレーヤー 2 の利得は 2 であるとする．

　プレーヤー 1 が D，プレーヤー 2 が D を選択した場合，プレーヤー 1 の利得は 0，プレーヤー 2 の利得も 0 であるとする．

図1　囚人のジレンマ（1）

player 2

		C		D	
Player 1	C	1	1	−1	2
	D	2	−1	0	0

　以上で，囚人のジレンマの基本的な特徴はすべて記述されたことになる．この囚人のジレンマの特徴は，図1「囚人のジレンマ（1）」に表されている通りである．各マス目の左はプレーヤー1の利得，右はプレーヤー2の利得を表している．

　各プレーヤーは，自身がCを選ぶと，Dを選んだ場合よりも，自身が獲得できる利得のポイント数を下げてしまう．相手がCを選んだ場合には，$2-1=1$ポイント分，相手がDを選んだ場合には，$0-(-1)=1$ポイント分，つまり，相手がCとDのどちらを選ぼうとも，自身がCを選べば，1ポイント分自身の利得の獲得ポイント数を下げてしまう．

　留意するべきは，各プレーヤーは，CかDかを選択する際に，相手プレーヤーがなにを選択するかについては，一切何も知らされていない点である．相手がCとDのどちらを選択するかを知らないまま，CかDかを決めなければならないのである．

　この留意点は，囚人のジレンマという特殊な例がもつ大事な特徴をよく表している．つまり，各プレーヤーは，相手がなにをするかわからないけれども，CよりDを選択することで必ず得をする，ということである．

　相手の選択にかかわらず，常に得になる戦略（行動，あるいは選択肢）が存在する場合，その戦略のことを，ゲーム理論では，「優位戦略（dominant strategy）」と呼んでいる．囚人のジレンマにおいて，選択肢Dは優位戦略である．一方，選択肢Cは優位戦略ではなく，Dよ

りも常に自身の利得面において劣るという意味において,「劣位戦略（dominated strategy）」である.

　だから，ゲーム理論の説明によれば，囚人のジレンマでは，両プレーヤーは，どちらのプレーヤーも D を選択して，どちらのプレーヤーも利得 0 ポイントを獲得する，と結論付けられるのである.

　以上が，ゲーム理論の標準的な教科書に記載されている，囚人のジレンマの説明の概要である.

　囚人のジレンマは，社会にみられるさまざまな利害対立の縮図である. 選択肢 C は，自身には不利益があるものの，相手には利益をもたらす行為にあたる. C を選べば，自身の不利益は 1 ポイントにとどまるものの，相手の利得を 2 ポイントも高めることができる. そのため，もし両プレーヤーが C を選択すれば，ともに差し引き 2−1＝1 ポイントを獲得できることになる. これは，ともに優位戦略 D を選んだ場合のポイントであるゼロよりも，双方にとって得である.

　そのため，囚人のジレンマの例は，プレーヤーが自身の利益に忠実に行動すると，結果的にはポイント 1 を獲得するチャンスを逃してしまう，と解釈することができる. 囚人のジレンマは，個人の私的利益の追求と，他の経済主体の便益とが相いれない，経済社会のジレンマをよくとらえている優れた簡易モデルである. 囚人のジレンマの例は，ジレンマを解消するにはどうしたらいいかを，深く考えていくための「基本方針」を提供するのである.

　囚人のジレンマに抽象される社会問題の例は，枚挙にいとまがない. たとえば，選択肢 C は，民間企業が，なりふりかまわず公害をまきちらすのをやめて，社会的責任をはたそうとする態度をよく表している. あるいは，選択肢 C は，ライバル企業と競争せずに，消費者に不利な高価格を維持するような，社会的には望まれないカルテル行為とも解釈できる.

　囚人のジレンマは，一般には，ゲーム理論の代名詞のように言われ

ている．ゲーム理論を知らない人でも，囚人のジレンマという名前く
らいは耳にしたことがあるだろう．しかしながら，ゲーム理論をちょっ
とでもかじった人には，囚人のジレンマは，物足りない，ゲーム理論
の本質を十分にはつかみきれていないゲームのように感じられるかも
しれない．

　ゲーム理論を考える場合には，各プレーヤーが「相手プレーヤーの
立場にたって考える」ことがとても重要になる．「相手プレーヤーの立
場にたって考える」ことによって，どの選択肢が自身にとって望ま
しいかについての判断の根拠を見つけることができるからだ．たとえば，
自分以外の人が右側通行をすると予想されるならば，自身にとって最
適な戦略は右側通行である．逆に左側通行すると予想されるならば，左
側通行がよい，といった具合である．

　あるいは，新しいビジネスを始めるかどうか悩んでいる時に，同じ
ようなビジネスを他の人がチャレンジするかどうかが判断の決め手に
なることがある．そのため，相手がどの程度新しいビジネスに関心が
あるかについて思いをめぐらすことになる．その結果，相手も同じよ
うなビジネスに着手しそうだと判断されるならば，自分はチャレンジ
をやめるかもしれない．そうでなければ，チャレンジしよう，となる
かもしれない．

　あるいは，自分が先取りして，相手が決断するより先にビジネスを
スタートさせると，相手プレーヤーは新しいビジネスに自分の居場所
はなくなったと判断し，このビジネスに近寄らなくなるかもしれない
と推理するかもしれない．そして，ならば先手を打とう，となるかも
しれない．

　このように，「相手プレーヤーの立場に立って考える」ことは，ゲー
ム理論，つまり戦略的思考において，とても大事なことである．

　しかし，囚人のジレンマは，一見したところ，このような「相手プ
レーヤーの立場に立って考える」ことの必要すらないかのように感じ

られるのである．その理由は，双方に優位戦略が存在するために，相手の行動を読みあう意味がなくなっていると，教科書的なゲーム理論が説明しているからである．

　しかし，本書では，このことについて，もっと深く，再検討したいと思う．はたして，囚人のジレンマは，本当に，「相手プレーヤーの立場に立って考える」というゲーム理論の本質に迫れないゲームなのだろうか．

　ゲーム理論は，「合理性の社会科学」といわれている．ゲームに登場するプレーヤーは，自分の利益に忠実であり，論理的な思考が得意であり，他者との複雑な戦略的相互依存の関係を，混乱や矛盾なく考慮できる，そんな「合理的な」経済人を前提にしている．あるいは，そんなに利口でなくとも，経験や慣習にしたがうことで，結果的には，非合理な行動を反省し，合理的な決定を探し当てることができる人間像を前提としている．しかし，このような合理的な人間像は，現実のよりよい記述にはそぐわないことがある．

　本書は，合理的プレーヤーという前提条件をまず疑ってみて，合理的個人と，そうではない，「限定合理的」個人とのはざまを，深く追究していこう．すると，物足りないとされてきた囚人のジレンマは，実は，ゲーム理論の，そして合理的意思決定の，「隠された」大事な本質を暴くための，願ってもないケーススタディーになるのである．

　囚人のジレンマを再検討することによって，合理性と限定合理性を分け隔てているカギとなる概念が浮かび上がってくる．それが，これから詳しく考察していくことになる「仮説的思考（hypothetical thinking）」である．

1.2 仮説的思考

　みなさんは「仮説的思考」という言葉を聞いたことがあるだろうか.
簡単にいえば「タラレバ」のことである.

　囚人のジレンマの例における,プレーヤー 1 の仮説的思考のことを
考えてみよう.それは,「相手(プレーヤー 2)が C を選択するならば,
私(プレーヤー 1)は D を選択するのが得である.なぜならば,C を
選択するよりも,1 ポイント余計に得するからである」とか,「相手が
D を選択するならば,私は D を選択するのが得である.なぜならば,
C を選択するよりも,1 ポイント余計に得をするからである」とかいっ
た推論のことである.

　仮説をたてて,仮説をもとに考えて,何が導かれるのか,つまり,た
とえば,囚人のジレンマにおいて,C をとるべきなのか D をとるべ
きなのか,を判断していく推論的思考のことを総称して,仮説的思考
(hypothetical thinking)という[2].大事な点は,仮説は,実際に正しい
のかそうでないのか(相手が本当に C をとるのか,あるいは D をとる
のか)がわからない状況で立てられることにある.そのため,相反す
る内容の仮説を網羅的に立ててみて,仮説ごとに吟味して,よりよい
選択がなにかを,逐一理詰めで探っていくことになる.

　仮説的思考が自在に操れることは,プレーヤーが合理的に意思決定
できる存在であるかどうかの,重要な試金石になる.囚人のジレンマ
においては,優位戦略が D であることをつきとめ優位戦略を実際に選
択することこそが,そのプレーヤーが正しく仮説的思考ができるほど
に合理的な存在であることの証になるのである.

　プレーヤーは,相手プレーヤーの選択行動について仮説を立てる.相
手の行動が観察できないために,このような仮説形成が必要になる.

---

　[2]関連する認知心理学の教科書として Evans (2007), Nickerson (2015) がある.

第 1 章　わかりやすさのための制度設計序説　　**7**

相手が C を選択するという仮説を立てよう．ならば，私は C を選択すると利得 1，D を選択すると利得 2 になるから，この仮説の下では選択 D が有利であることがわかる．

次に，相反する仮説として，相手が D を選択する，と仮定しよう．ならば，私は C を選択すると利得 −1，D を選択すると利得ゼロであるから，この仮説の下でも選択 D が有利であることがわかる．

相手プレーヤーは C か D かを選択しなければならないから，上述した二つの仮説で十分網羅的である．そして，どちらの仮説においても，選択 D が最適である．こうして，合理的プレーヤーは，選択 D が優位戦略であることを理解し，それを実行するのである．

優位戦略とは，相手がどのような戦略をとろうとも，常に最適であることを保証してくれる戦略である．そして，優位戦略は，仮説的思考から直接的に導かれる解概念になる．優位戦略が存在するようなゲームはそう多いわけではないので，囚人のジレンマは，優位戦略が存在する貴重な好例といえる．

囚人のジレンマでは，相手プレーヤーの選択に関係なく D が最適になる．そのため，囚人のジレンマは，まるで，相手の立場に立って考えなくてもいい，戦略的相互依存とはおよそ無関係なゲームのように見えてしまうのである．

たとえば，経済学でおなじみの「外部性」という概念を考えてみよう．C のかわりに D をえらぶ．すると 1 ポイント得をする．だから D を選ぼう．しかし，D を選ぶと他者にはポイント 2 の損害を与える．しかし，この損失は他人事だから気にしない．これは，「負の外部性」という現象である．負の外部性は，たとえば，私利私欲のために企業が公害をまき散らしかねない，という議論をしたいときに担ぎ出される，ミクロ経済学の基本用語である．

囚人のジレンマは，プレーヤー 1 も，プレーヤー 2 も，各々独自の負の外部性問題を抱えている．それらを強引に一つにまとめて記述する

8

ことで，図 1 の囚人のジレンマの例が出来上がっている．だから，囚人のジレンマには，複数の経済主体の活動が相互に，複雑に絡み合う戦略的相互依存の本質はない，という見方もできるのである．

しかし，ここからが本書の重要な話になってくる．

あなたは，囚人のジレンマのプレーヤー 1 の立場にいるとして，「Cか D かを選択しなさい」と言われたときに，はたして本当に，D がベストだと言い切れるだろうか．そうではないのではないか．これが，本書における基本的な問いである．

1.3 戦略依存型思考
（Strategy-Dependent Thinking）

では，囚人のジレンマにおいて，必ずしも合理的ではない，一般の経済主体は，どのようにふるまうのだろうか．囚人のジレンマを実験してみよう．被験者を集めて，獲得ポイントに応じて実際に金銭の支払いをすることにして，パソコンの端末操作によるラボ実験をするのである．

囚人のジレンマの実験は，研究教育の現場において，すでにおびただしい数が行われている．経済学者，ゲーム理論研究者，そして心理学者たちが，それぞれの興味とテーマを携えて，囚人のジレンマの実験を，手を変え品を変え，色々におこなってきている．

特筆するべきは，ラボ実験の少なからざる被験者は，優位戦略 D ではなく，劣位戦略 C を選択していることである．このことと仮説的思考とは，以下のような，深い関係にある．

囚人のジレンマにおいて，D を選択しない理由としては，いろいろな可能性がある．たとえば，被験者が囚人のジレンマの状況をきちんと理解できなかった．ケアレスミスをしてしまった．相手に損害を与

えると，囚人のジレンマの終了後に，囚人のジレンマには記述されていない仕方で，相手から報復を受けるかもしれない，などと，ゲームの内容を誤解してしまった．あるいは，「私は，Dをとって相手に損失を与えることを，好ましく思わない」という利他的動機のために，あえてCをとる人がいるかもしれない．

しかし，本書で問題にしたいのは，以下のような「間違った」推論をする被験者である．

「私がCを選択すると，いいことが起こるに違いない．つまり相手も同じようにCをとろうとしているに違いない．」「私がDを選択すると，わるいことが起こるに違いない．つまり相手も同じようにDをとろうとするに違いない．」

このような推論は，囚人のジレンマにおける思考の仕方としては，完全に間違っている．相手は，私の選択を観察できないのであるから，私の選択に応じて，選択を変えることはできないはずである．

このように，自身の選択に依存して，相手の選択についての予想も変えてしまう，間違った推論的思考のことを，本書では「選択依存型思考（strategy-dependent thinking）」と呼ぶことにする．選択依存型思考は，正しい仮説的思考とは相いれない，非合理な推論パターンである．

仮説的思考は，正しいかどうか観察できない事象について，地道に仮説を立て，論理的に検証していく．仮説ごとに，CがいいかDがいいかを逐一チェックしていくのである．

しかし選択依存型思考の人は，そのようなことを億劫がって，しないのである．知らないことについて仮説をたてないままに，私がCをとるとどのような利得がえられるか，Dをとるとどのような利得がえられるかを考えてしまうのである．たとえば，戦略Cをとることに特別の思い入れがあると，相手もCをとってくれるのではないか，高い利得がえられるのではないかと，勝手に妄想してしまうのである．

仮説を立てて推論する手間を省いて，戦略依存型思考という簡便な

10

思考習慣に従ってしまう．そのため，単純だと思われがちな囚人のジレンマの例においてすら，あまり合理的でないプレーヤーは，容易には，優位戦略をプレイするに至らないのである．

このように，合理的に思考し，合理的に意思決定することが容易にはできないプレーヤーを，総称して，「限定合理的（bounded-rational）」プレーヤーと呼ぶことにする．囚人のジレンマでは，合理的プレーヤーなら優位戦略 D を選択するけれども，限定合理的プレーヤーであれば，劣位戦略 C が選択されるかもしれないのである．

もっとも，C が選択されるのならば，結果的には，負の外部性問題を回避できることになる．公害問題も，プレーヤーを限定合理的な主体に上手に仕立てれば，問題はなかったかのようにもみえよう．しかし，本書ではこのような，限定合理性の「平和利用」をするアプローチはとらないことにしたい．

逆に，プレーヤーは，自立的に，合理的に行動してしかるべきなのに，そうはなっていない．ならば，プレーヤーが自立的に，合理的に行動できるように，肩をポンとたたいてあげようという立場（Nudge）を，本書はとることにしたい[3]．その上で，負の外部性問題が発生するのであれば，別の仕方，つまり制度設計によって問題の解決策を考えよう，という立場をとることにしたい．

非合理な行動は，いずれ自身の目的にそぐわないことがわかると，避けられるようになることも考えられる．ポップな誘いに乗って，おかしな判断をしばらく続けるが，そのうちその愚かさに気付いて，きちんと合理的にふるまうようになるかもしれない．

もっとも，後述する「ニューカムのパラドックス（Newcomb Paradox）」にみられるように，限定合理性の要因，特に，戦略依存型思考のよう

---

[3]本書は，行動経済学を批判的に展開するアプローチであるととらえることができる．行動経済学の入門書としては，Kahneman (2011), Thaler and Sunstein (2008) などを参照されたい．

第1章　わかりやすさのための制度設計序説　　*11*

な，仮説的思考を妨げる要因の中には，時間が経てば解決されるような単純なものではなく，もっと根深いものもある．だから，限定合理的プレーヤーが，自ら進んで，合理的に思考し，決定しようとする動議付けをきちんと考えることが，とても大事であるが同時にとても困難なことになる．

　本書は，限定合理的ではあるが，よい条件がそろえば，きちんと正しい仮説的思考を実行し，合理的な意思決定ができるようなプレーヤー，つまり「少しだけ限定合理的な」プレーヤーを分析対象としたい．丁度，学校の生徒が，難しい数学の問題がなかなかとけないので，いい加減な解答を書こうとしている時に，先生がよいヒントを与えると，今度はすらすら解けるようになる，そんな具合を本書で考えていくのである．

　プレーヤーが過度に限定合理的であるなら，いっそのこと仮説的思考を駆使しなければならない複雑な戦略的相互依存の関係自体を大きく変えてしまって，仮説的思考をあまり必要としないような，まったく別の制度を工夫することが勧められよう．しかしプレーヤーに合理的に判断できる素養がもともとあるならば，上手に説明したり，ヒントを出したりすれば，プレーヤーは自らの力で問題解決できるはずである．つまり，仮説的思考を助けるためのフレーム（心理的プロセス）を上手にデザインしてやることによって，合理的に問題解決するインセンティブを提供できるはずである．

　本書は，後者の可能性を「新しいゲーム理論」として追究していく．完全な合理性を前提としないが，合理的に問題解決されることを尊重する．そして，それは「フレームデザイン」によって達成させることをきちんと「哲学」するのである．そんな，新しいゲーム理論を，本書は模索する．

　本書におけるフレームは，図1の囚人のジレンマに見られるような教科書的なゲーム理論の記述，つまり，ゲームの「物理的ルール」には

12

記載されないような戦略的相互依存の諸要因になる．つまり，フレームは，合理的プレーヤーにとっては不必要だが，限定合理的プレーヤーには欠かせない，ゲームをどのようにプレイすればいいかについての心の指南書ととらえる．

本書は，ゲーム理論に心理学を融合させる新しいチャレンジなのである．

1.4 物理的ルールと心理的プロセス

ゲーム理論は，社会における戦略的相互依存を考えるための数学である．社会や経済の問題を数学的に定式化し，相互依存している複数のプレーヤーの行動パターンを，論理的，数理的に解明していくのである．

ゲーム理論における，もっとも初歩的かつ代表的な数理モデルの定式化の仕方は，「標準形ゲーム（normal form Game, strategic form game）」と呼ばれる表現形式である．それは，プレーヤー集合（ゲームのプレーヤーはだれか），各プレーヤーの戦略集合（各プレーヤーが選択できる戦略の範囲はなにか），利得関数構造（各プレーヤーの利得は，全プレーヤーの戦略のプロファイルとどのように関係しているか）の三つの要素によって定義される．

形式的には，標準形ゲームは

$$(N, A, u)$$

と記述される．ここで，$N = \{1, 2, \ldots, n\}$ はプレーヤー集合である．n 人のプレーヤー，つまりプレーヤー 1，プレーヤー 2，…, プレーヤー n，がこのゲームに参加している．囚人のジレンマの例では $n = 2$，つまり 2 人のプレーヤーが参加している．

第 1 章　わかりやすさのための制度設計序説　　**13**

A は戦略プロファイル集合と呼ばれ，$A = A_1 \times \cdots \times A_n$ と記述される．A_i はプレーヤー $i \in N$ の戦略集合である．囚人のジレンマの例では，任意のプレーヤー $i \in \{1, 2\}$ について，

$$A_i = \{C, D\}$$

である．

最後に，利得関数構造 $u = (u_i)_{i \in N}$ について説明する．各プレーヤー $i \in N$ の利得関数は $u_i : A \to R$ で表される．全プレーヤーが戦略プロファイル $a = (a_1, \ldots, a_n) \in A$ をプレイすると，各プレーヤー $i \in N$ の利得は $u_i(a)$ ポイントになる．各プレーヤーの利得は，自身の戦略のみならず他のプレーヤーの戦略にも依存することが重要である．図 1 の囚人のジレンマの例では，

$$u_1(c, c) = u_2(c, c) = 1$$

$$u_1(c, d) = u_2(d, c) = -1$$

$$u_1(d, c) = u_2(c, d) = 2$$

$$u_1(d, d) = u_2(d, d) = 0$$

である．

はたして標準形ゲームは，戦略的相互依存の状況下にある社会状態の「なに」を記述したものだろうか．囚人のジレンマは，ゲーム理論において，現実の本質をよくとらえているモデルであると評価されている．しかし，現実に囚人のジレンマそのものというのは，まずない．囚人のジレンマのような標準形ゲームは，現実の忠実な描写ではなく，現実を抽象化して，現実の本質を「顕在化」させるためのモデルなのである．

もっと大胆に言うならば，標準形ゲームに代表される「ゲーム」と

は，プレーヤーの「心の風景（perception）」のことである．ゲームとは，各プレーヤーが戦略的相互依存をどのように知覚しているかについての描写のことである．だから，ゲーム理論は，その本質において，「心の問題」を扱っている．

しかし，囚人のジレンマのような標準形ゲームは，過度に抽象化され，研ぎ澄まされているために，心のことを描写しているようには，とても見えない．ゲーム理論は，概して，プレーヤーを完全に合理的な存在であると捉えている．そのため，合理的プレーヤーにとっては余計な社会状態の諸要因を，ゲームの表現から排除して，戦略的相互依存を特徴付ける最小限の「物理的ルール」だけを記述するようにしているのである．

しかし，標準形ゲームは洗練されすぎていて，戦略的相互依存の経済学的，社会科学的意味までもがそぎ落ちてしまうことがある．たとえば，戦略に関わる実際の行動決定は，必ずしも一度になされるわけではない．だから，時間の流れや情報の流れといった，動学的側面と情報的側面についても，より詳細にモデルに記述することが，経済学や社会科学の考察には必要になる．その場合，標準形ゲームのかわりに，「展開形ゲーム」という，より詳細な表現形式が使われることがある．

たとえば，オリジナルの囚人のジレンマの物理的ルールを変更して，「先手後手による囚人のジレンマ」を考えてみよう．つまり，プレーヤー1が，先手として，CかDかをまず選択し，その選択決定を見てから，プレーヤー2が，後手として，CかDかを選択する状況を考えてみよう．このように囚人のジレンマを先手後手の関係に変更してしまうと，それはもはや，オリジナルの囚人のジレンマとは全く別の標準形ゲームになってしまう．

先手後手のゲームを標準形ゲームとして記述すると，先手であるプレーヤー1の戦略集合はかわらず$A_1 = \{C, D\}$であるが，後手のプレー

第1章　わかりやすさのための制度設計序説　　**15**

図 2　先手後手の囚人のジレンマ：標準形ゲーム

player 2

		(C, C)		(C, D)		(D, C)		(D, D)	
Player 1	C	1	1	1	1	−1	2	−1	2
	D	2	−1	0	0	2	−1	0	0

ヤー 2 の戦略集合は $\{C, D\}$ ではなくなり，

$$A_2 = \{(C, C), (C, D), (D, C), (D, D)\}$$

になる．

　後手プレーヤー 2 は，「先手の選択が C」の時に何を選択するか，「先手の選択が D」の時に何を選択するかを区別することができる．そのため，後手の戦略は全部で 4 通りあることになる．つまり (C, C)，(C, D)，(D, C)，(D, D) の中から，後手プレーヤー 2 は戦略をひとつ選ぶことになる．ここで，カッコ内の左側は先手が C を選択した場合の後手の選択肢，右側は先手が D を選択した場合の後手の選択肢を表している．

　たとえば，先手プレーヤー 1 が C，後手プレーヤー 2 が (D, C) を戦略として選んだ場合には，実際に後手が選択する行動は D になる．図 2 において，先手後手の囚人のジレンマの標準形ゲームが描かれている．

　囚人のジレンマをひとたび先手後手のゲームに切り替えると，標準形ゲームの内容は大きく変わってしまう．そして，後手プレーヤー 2 の選択肢の数は 2 から 4 に増えたため，先手プレーヤー 1 は，合理性を貫徹させるのであれば，2 通りでなく，4 通りもある後手の戦略について逐一仮説的思考を繰り返さないといけなくなる．

　ここから，我々は，本書の核心に入っていく．

　私は，先手後手のゲームは複雑だと説明した．先手プレーヤーは仮

16

説を 4 通りも検証しなければならないからである．どうして，4 通り
も検証しなければならないのか．それは，合理的なプレーヤーは，単
に自分の手番において選択肢を選ぶ以上のことを，ゲームにおいてお
こなっていることに起因する．

　合理的なプレーヤーは，ゲームをプレイするより前に，どのように
ゲームをプレイするかについて，あらかじめ試行錯誤して，「行動計画
（action plan）」を立てているのである．後手プレーヤーの 4 通りの戦
略は，具体的に選ばれる行動そのものではなく，行動計画を意味する．
先手プレーヤーは，後手の 4 通りの行動計画について，逐一仮説的思
考を繰り返さなければならないのである．

　では，もしプレーヤーが合理的でなく，限定合理的であると捉えら
れるならば，先手後手のゲームは各プレーヤーの心にどのように映る
のだろうか．同じように複雑なゲームに映るのだろうか．

　実は，後手プレーヤーが限定合理的である場合，先手後手のゲーム
は，相手の選択を知ることができないオリジナルの囚人のジレンマよ
りも，後手にとってはるかにプレイしやすいゲームになっているので
ある．このことを，次の節において詳しく解説していこう．

1.5　仮説と観察

　先手後手の囚人のジレンマを，さらに考察しよう．重要な点は，こ
の場合には，後手プレーヤー 2 は，たとえ限定合理的であっても，正
しく優位戦略 D を選択できることにある．

　先手プレーヤー 1 の選択がおわり，後手プレーヤー 2 の手番がまわっ
てきた．この時，後手は，先手の選択を観察することができる．たと
えば，先手の選択が C であることを観察したとしよう．この時，後手
プレーヤー 2 は，単に，相手の選択が C である時についてのみ，自身

第 1 章　わかりやすさのための制度設計序説　　**17**

の選択を C にするか D にするかを検討すればよい．つまり，利得 2 と
1 を比較するだけで，選択肢 D がよいと判断することができる．

　あるいは，先手の選択が D であることを観察したとしよう．この時，
後手プレーヤー 2 は，単に，相手の選択が D である時についてのみ，
自身の選択を C にするか D にするかを検討するだけでよい．つまり，
利得 0 と −1 を比較するだけで，選択肢 D がよいと判断することがで
きる．こうして，後手プレーヤー 2 は，合理的な理論と同じように D
を選ぶことができるのである．

　注目するべきは，D を選ぶ際，後手プレーヤー 2 は一切仮説的思考
を使っていない点にある．観察された先手の選択に対して，ただ反応し
ているだけなのである．仮説的思考は不必要なので，後手プレーヤー
2 は，たとえ限定合理的であったとしても，D を選ぶことができるの
である．

　一方，オリジナルの囚人のジレンマでは，そうはならない．プレー
ヤー 2 は，限定合理的であるならば，戦略依存型思考の罠にかかって，
まちがった判断をしてしまう．プレーヤー 2 は，仮説的思考を上手に使
えないからである．一方，先手後手のゲームにおける後手プレーヤー
2 は，仮説的思考を使わなくても正しく問題解決できる．つまり，「観
察をもとに情報処理する」という，もっと簡便な意思決定手続きだけ
で正しい判断ができるのである[4]．

　先手プレーヤー 1 の選択が観察されれば，その観察とことなる別の
選択の可能性を仮説的に想定して推論する必要はなくなる．だから，仮
説的思考は必要なくなるのである．優位戦略が D であることの発見と
実行には，観察から自分がなにをすべきかを割り出すだけで事足りる
というわけだ．

　こうして，仮説的思考ができない限定合理的プレーヤーは，囚人の

---

[4] たとえば，Li (2017), Esponda and Vesta (2014) などを参照されたい．

18

ジレンマを，先手後手という別のゲームに変更すれば，合理的プレーヤーと同じ行動選択を実行できることになる．

　では，先手プレーヤー 1 についてはどうだろうか．プレーヤー 1 もまた仮説的思考ができない限定合理的プレーヤーであるとしよう．この場合は，残念ながら，先手プレーヤー 1 は，後手プレーヤー 2 のようにはおいそれと選択肢 D を選んではくれない．先手には後手の選択が観察できない．そのため，オリジナルの囚人のジレンマと同様に，先手プレーヤー 1 が戦略依存型思考の罠に陥る可能性を捨てきれないのである．

　そこで，次章からは，先手プレーヤー 1 を，仮説的思考を不得手としているものの，それ以外の点については十分に合理的な判断ができるとする，「少しだけ」限定合理的なプレーヤーとみなすことによって，戦略依存型思考のわなから救済することを考えていくことにする．

1.6　高次元推論（Higher-Order Reasoning）

　本書は，プレーヤーを完全に合理的とはみなさないが，かなり合理的なものの，すこしだけ限定合理的な個人，と想定する．観察できない相手の行動について網羅的に仮説を立てて，仮説ごとに逐一検証していく，といった面倒をあまりしたくない，つまり仮説的思考を億劫がるという意味では，限定合理的である．しかし，それ以外のこと，たとえば，観察された事実を正しく情報処理する能力など，については十分に長けているとする．特に，「相手プレーヤーの立場に立って考える」ことができ，相手が限定合理的な存在であることを考慮しつつも，相手の行動はなにかを割り出す推論が，高いレベルでできることを仮定する．

　相手プレーヤーの立場に立って推論してみて，その結果相手がどの

第 1 章　わかりやすさのための制度設計序説　　**19**

ような選択をするかについてはっきり結論付けられない場合には，仮説的思考を駆使する必要がでてくる．本書は，この場合には，素直には仮説的思考を実行しないという意味において，「少しだけ」限定合理的なプレーヤーを想定するのである．

　この想定下で，はたして先手プレーヤー 1 は，後手プレーヤー 2 の選択をどのように予想するだろうか．プレーヤー 1 は，プレーヤー 2 が合理的であることを前提としない．むしろ仮説的思考が不得手だと推測する．だから，プレーヤー 2 が仮説的思考を使わなくても D を選択することを，プレーヤー 1 が推測できるとよい．

　幸運にも，すでに説明されたように，後手プレーヤー 2 は，仮説的思考を使わなくとも，先手の選択を観察することだけから，D を実際に選択すべきであることを理解できる．このことを先手プレーヤー 1 が正しく予想できれば，後手のみならず先手も，必ず D を選択すると考えてよい．ならば，後手が D でなく C をプレイするという仮説についての考察をしなくても，先手は自身のベストが D であることを割り出すことができる．だから，先手は，後手の立場に立って考えた結果，後手が C をプレイすることはありえないことを正しく予想するだろう．

　先手プレーヤー 1 のように，相手プレーヤーの立場にたって考えて，上述したような「高次元推論（higher-order reasoning）」を自在に展開できる人は，かなりの合理性の達人といっていい．だから，高次元推論を自在に操ることができると想定するのは現実的でないかもしれない．実際，行動経済学の理論では，「レベル K」というキャッチフレーズのもと，高次元推論に制限をかけた限定合理性の分析を推奨している[5]．

　プレーヤーは相手の立場に立って考える．そして，相手もまた自分の立場に立って考える．このこともきちんと考慮することによって，高次

---

[5]たとえば，Crawford and Iriberri (2007), Nagel (1995) などを参照されたい．

元推論が展開されていく．しかし，このような推論を無制限におこなえることをあらかじめ前提とするのは，場合によってはばかげている．

　高次元推論を徹底せずに途中でやめてしまう理由のひとつは，相手が高次元推論を徹底的におこなえるほどに合理的な存在ではないと予想することである．たとえば，相手が高次元推論をまったくしない非合理な存在であると予想されるなら，いくら自身が合理的であっても，高次元推論をする意味がない．

　しかし，先手後手の囚人のジレンマでは，後手プレーヤー 2 は，仮説的思考をうまく使いこなせないにもかかわらず，合理的プレーヤーの場合と同様に D を選択できる．だから，この場合には，相手が限定合理的であろうとも，先手プレーヤー 1 は高次元推論をするにやぶさかでない．そして，後手同様，先手も正しく D を選択することになる．

　戦略依存型思考は，相手プレーヤーに多様な選択の可能性があることを排除できない場合に，プレーヤーの判断に混乱をもたらす．しかし，先手後手の囚人のジレンマでは，後手プレーヤーの選択は D に確定するから，そのような混乱は起きない．そのため，先手も後手も，なかよく D を選択することになる．つまり，限定合理的であっても，合理的プレーヤーと同じ選択ができるのである．

　以上の説明は，先手をプレーヤー 2，後手をプレーヤー 1 に入れ替えても同じように成立する．そして，囚人のジレンマであることがわかれば，つまり，双方に優位戦略が存在するゲームであれば，利得関数の詳細がわからなくても，先手後手のゲームに置き換えさえすれば，限定合理性に起因する混乱は回避できる．

　ただし，高次元推論の能力に欠けているプレーヤーの場合には，事情が異なってくる．囚人のジレンマの別の例である図 3「囚人のジレンマ（2）」を参照されたい．この例でも，やはり両プレーヤーにとって D は優位戦略になる．また，プレーヤー 1 は，図 1 の例と同様に，仮説的思考をうまくこなせないことが原因で，優位戦略 D をうまくプ

第1章　わかりやすさのための制度設計序説　　　*21*

図3　囚人のジレンマ（2）

player 2

		C		D	
Player 1	C	1	−3	−1	0
	D	2	−5	0	−2

レイできない.

　しかし，プレーヤー2については，図1とは利得構造がことなっているため，戦略依存型思考という過ちを犯したとしても，依然としてDを選択するのがベストになっている．本書の第2部で定義される用語を使うならば，プレーヤー2にとって，選択肢Dは「あきらかな優位戦略（obviously dominant strategy）」になっている[6]．一方，プレーヤー1にとっては，選択肢Dはあきらかな優位戦略ではない.

　例えば，戦略依存型思考という過ちを犯して，「Cを選択すれば，相手は好意的にCを選択するに違いない．Dを選択すれば，相手は敵対的にDを選択するに違いない」と考えたとしよう．この場合，この推論的思考の主がプレーヤー1であれば，Cを選択すれば利得2だが，Dを選択すると利得ゼロであると判断して，劣位戦略Cを選択してしまう．しかし，プレーヤー2であれば，Cを選択すれば利得 −3，Dを選択すれば利得 −2 であるため，依然として優位戦略Dが選択されるのである.

　もしプレーヤー1が高次元推論が全くできないほどに限定合理的ならば，プレーヤー1を後手にするべきである．後手であれば，仮説的思考も高次元推論も必要としないので，Dを選択できる．一方，プレーヤー2は，先手だろうが後手だろうが，戦略依存型思考に陥ったとし

――――――――――――

　[6]あきらかな優位性概念は，Li (2017)，Friedman (2002)，Friedman and Shenker (1996) にもとづく．特に Li (2017) は本書の議論と密接に関連しているが，完全情報のケースの考察が中心であり，フレームデザインについての言及はない.

ても，Dはあきらかな優位戦略であるから，必ずDを選択する．

しかし，逆に，プレーヤー1を先手にしてしまうと，プレーヤー1は高次元推論ができないし，Dはあきらかな優位戦略ではないから，戦略依存型思考の誘惑によって，もはやプレーヤー1がDを選択する保証はなくなる．

このように，高次元推論が使えないプレーヤーが存在する場合には，囚人のジレンマをどのように変更すればいいか，つまり誰を先手プレーヤーにすればいいかは，利得関数構造の詳細に依存する，とても繊細な作業になってくる．

1.7　フレームをデザインする

今までの議論は，ゲームの物理的ルールを適切に変更すれば，限定合理的プレーヤーに合理的なプレーヤーと同じ選択をさせることができることを説明してきた．その代表的な方法は，仮説を逐一立てなくても済むように，不完全情報（相手の行動が観察できないゲーム）から完全情報（相手の過去の行動が観察できるゲーム）に置き換えることによって，つまり，相手プレーヤーの選択についての情報をできる限り提供することによって，観察事実についての情報処理だけで，望ましい戦略決定はなにかを判断できるようにするというやり方だった．囚人のジレンマの例では，プレーヤーを先手と後手に振り分け，先手の選択が後手に観察できるようにすることによって，上手に不都合を回避することができたのである．

しかし，不完全情報から完全情報に置き換えるこのやり方は，あまりに大きな変更であるため，場合によっては，問題の本来の意味をも別のものにすり替えてしまう恐れがある．ならば，我々は，次に，標準形ゲームとしての物理的ルールを一切変更することなく，限定合理

的プレーヤーに合理的な決定を実行させるにはどうしたらいいかを検討するべきである.

そして, この検討こそが, 本書のメインテーマになる.

本書は「フレームデザイン」という新しい制度設計の概念を提案する. フレームとは, 問題を筋道立てて考えていくための心理的プロセスのことである.

合理的プレーヤーは, 標準形ゲーム, つまり物理的ルールを見せられれば, このゲームをどうプレイすればいいかを理解できる. しかし標準形ゲームは, 合理的プレーヤーだけがわかる究極に洗練されたゲーム表現である. そのため, 限定合理的なプレーヤーには, 抽象化されすぎていて, 標準形ゲームだけでは, どのように考え, どのように決定したらいいかわからない.

そこで, 本書は, フレームという心理学的な概念を, ゲーム理論風にアレンジして導入して, フレームを上手にデザインすることによって,「わかりやすさの制度設計:ゲーム理論と心理学の融合」を模索しようというわけである.

標準形ゲームという研ぎ澄まされたゲーム表現には,「合理的プレーヤーにとって無関係な要因(supposedly irrelevant factors, SIFs)」は記述されない. しかし, 合理的プレーヤーにとって無関係な諸要因が, 実は限定合理的プレーヤーの肩をポンとおして(nudge), 仮説的思考を正しく実行するきっかけを提供するかもしれない.

フレームは, 合理的プレーヤーにとっては無用だが, 限定合理的プレーヤーにとっては有用な, 物理的ルールとしての標準形ゲームを補完する心理的プロセスのことである. フレームは, 一般的には, 主に, 会話言語的にプレーヤーをコントロールする場合に使われる用語である. たとえば,「あなたは保険契約されますか」という質問と,「あなたはデフォルトとして保険契約されることとします. しかし, あなたは, お望みならば解約することができます. どうされますか」という

質問は，合理的個人にとっては実質的には同じ，「保険契約をするかしないか，意思決定せよ」という質問内容を，別の言い回しにしているものである．しかし，こんな言い回しの違いによって，実際の経済主体の判断が変わってくるのである．

このように，合理的個人にとって実質的に差がない要因が限定合理的個人の決定に影響を与えることを，「フレーミング効果（Framing Effect）」と呼んでいる[7]．フレーミング効果は，実際にさまざまな政策に利用されており，いわば，よくできたポップ広告のようなものである．

本書では，フレームの概念を拡大して，物理的ルールとしては無視されるような，ゲームの動学的側面や情報的側面についての諸要因ととらえる．そして，フレームを，言語的にではなく，戦略的相互依存関係の諸要因としてとらえるのである．そのため，本書におけるフレームは，ゲーム理論のもう一つの表現形式である「展開型ゲーム」として記述されることになる[8]．

図 1 の囚人のジレンマ（オリジナル）を例に，フレームを説明しよう．各プレーヤーは相手プレーヤーの選択がわからない状況において選択しなければならない．この状況は，少なくとも以下の三つのフレームのどれかとしてとらえることができる．

まず考えられるのは，両プレーヤーは，「同時に」選択決定をする状況だとするフレームである．必然的に，各プレーヤーは，お互いの選択を見ずに，意思決定しなければならない．

次に考えられるのは，プレーヤー 1 が先手，プレーヤー 2 が後手とするフレームである．大事なことは，後手プレーヤー 2 は先手プレーヤー 1 の選択を観察できないとする点にある．この仮定は，オリジナル

---

[7] たとえば，Tversky and Kahneman (1986).

[8] 展開形ゲームを心理的プロセスの記述としてとらえる別のアプローチとしては，Glazer and Rubinstein (1996) がある．ただし，目的は本質的にことなっており，Glazer and Rubinstein (1996) は完全情報を考察しているが，本書は不完全情報を考察している．Matsushima (2017b) を参照されたい．

第1章 わかりやすさのための制度設計序説 **25**

の囚人のジレンマの物理的ルールには変更がないことを意味する．た
だし，このフレームでは，後手プレーヤー 2 は，先手プレーヤー 1 が
自分より先に選択を決定していると認知することになる．後述するよ
うに，この認知のために，後手プレーヤー 2 は，戦略依存型思考のわ
なに陥るのを回避でき，正しく仮説的思考を実行できるようになる．

逆に，プレーヤー 1 が後手，プレーヤー 2 が先手とするフレームも
考えられよう．後手プレーヤー 1 は先手プレーヤー 2 の選択を観察で
きないが，後手プレーヤー 1 は，先手プレーヤー 2 が自分より先に選
択を決定していると認知することになる．そのため，後手プレーヤー
1 は，戦略依存型思考のわなに陥るのを回避できて，正しく仮説的思
考を実行できるようになる．

後手プレーヤーは，先手プレーヤーがすでに「不可逆な」選択決定
をしていると認知する．この不可逆性の認知ゆえに，「C を選択すると
よいことが起こって相手が C をとってくれる」といったような，間違っ
た戦略依存型思考を回避することができ，本来の仮説的思考に立ち戻
ることができるのである．

後手にとって優位戦略は，「あきらかな優位戦略」ではない．しかし，
フレームの助けを借りることによって，後述する本書の用語を使うな
らば，「ほぼあきらかな優位戦略（quasi-obviously dominant strategy）」[9]
になるため，限定合理的プレーヤーであっても優位戦略をプレイする
と考えられるのである．

一方，先手プレーヤーは，自分が選択してからでないと相手プレー
ヤーは選択しないのであるから，依然として戦略依存型思考をする誘
惑にかられることになる．しかし，先手が高次元推論に長けていれば，
後手はかならず D を選択することがわかるので，戦略依存型思考の余
地はなくなるのである．

---

[9]Matsushima (2017b) を参照されたい．

先手にとって優位戦略は，あきらかな優位戦略でもほぼあきらかな優位戦略でもない．しかし，高次元推論を使うことによって，後述する本書の用語を借りるならば，それは，唯一の「逐次的非劣位戦略（iteratively undominated strategy）」[10] になるので，先手が「少しだけ」限定合理的なプレーヤーであっても，正しくプレイされると考えられるのである．

こうして，囚人のジレンマでは，ゲームの物理的ルールを一切変えなくても，心理的プロセス，つまりフレームを適切に設計すれば，限定合理的プレーヤーに合理的意思決定を実行させることができる．

ゲームのルール自体は変更しない．ならば，プレーヤーにはきちんと仮説的思考をしてもらわなければならない．そのためには，戦略依存型思考の誘惑から逃れられるようにしないといけない．フレームデザインは，プレーヤーをそんな誘惑から解放してくれる「心のデザイン」なのである．

本書は，わかりやすさの制度設計として，フレームデザインを提唱することを目的とする．

1.8　ニューカムのパラドックス

フレームが機能するためには，プレーヤーの限定合理性が過度に深刻ではないことが必要である．もっとも，ごく普通の人でも，状況によっては，過度に限定合理的になることがある．以下に，このことに関係する，「ニューカムのパラドックス」と呼ばれる，合理性がなりたたないケースについての心理学的説明を，すこし変形して，囚人のジレンマの例にもとづいて，紹介しよう．

プレーヤー 2 は「全知全能の神」であるとする．プレーヤー 2 が望むことは，「プレーヤー 1 に C を選択してほしい」ということだ．そこ

---

[10]Matsushima (2017b) を参照されたい．

第1章　わかりやすさのための制度設計序説　　**27**

で，全知全能の神プレーヤー2は，普通の人であるプレーヤー1がなにを選択するかについて，予言する．

神は，「プレーヤー1がCを選択する」と予言する場合には，Cを選択する．神は，「プレーヤー1がDを選択する」と予言する場合には，Dを選択する．つまり，神の選択Dは，プレーヤー1がDを選択することに対するペナルティーというわけだ．

オリジナルの囚人のジレンマを，先手後手のフレームの下で考察しよう．神であるプレーヤー2を先手としよう．普通の人であるプレーヤー1を後手としよう．そして，プレーヤー1（普通の人）は先手プレーヤー2（神）の選択を観察できないとしよう．

このフレームでは，1.7節の説明によれば，後手は，きちんと仮説的思考をおこなって，優位戦略Dをほぼあきらかな優位戦略として実際に選択すると考えてよさそうである．

しかし，今回の相手は全知全能の神である．神様が，あなたの選択を予言しているというわけだから，外れるはずがない．だから，あなたがCを選ぶなら，正しく予言されて，神は事前にCを選択していてくれるだろう．しかし，あなたがDを選ぶということであれば，それを正しく予言されて，神はあらかじめDを選択しているはずだ．

どうやら，このような神の予言の底知れない能力は，後手の戦略依存型思考を後押しすることになりそうである．

しかし，神様はすでに選択済みなのである．だから，あなたは神様の予言の裏をかけるはずである．つまり，合理的に仮説的思考をすれば，神の予言能力など，迷信に過ぎないことがわかるはずだ．しかし，神様は特別な存在なので，そんな合理的な理屈はもはや通用しないのかもしれない．

というわけで，実は，心理学実験をしてみると，多くの被験者は，後手の立場として，Cを選ぶと答えるとのことである．神の裏をかけないと判断して，仮説的思考を捨てて，神様の予言通りにふるまってし

28

まう．

　ここで驚くのは，まだ早い．

　今度は，プレーヤー 2 は全知全能の神ではなく，高性能の AI（人工知能）モデル，つまり科学技術だとしよう．その予言はほぼ 100 発百中との評判である．神様との違いは，全知全能ではなく，あくまでも，過去に非常に優れた予測の実績がある，ということである．いくら予測の精度がいいとはいえ，フレームの設定上，あなたの選択をぴたりと当てる根拠は，論理的にはどこにもないはずである．

　しかし，この AI のケースでも，多数の被験者は C を選択してしまうのである．まるで，人工知能の前評判に合わせようとするかのように，である[11]．

　こうして，全知全能の神あるいは高性能の AI に判断を迷わされて，せっかくのフレームデザインが台無しになってしまうのである．

　本書は，このような特殊な状況設定のために，フレーミング効果が発揮できないケースについては，考察の対象外としたい．全知全能とか高性能の予知能力とかいった設定を排除した上で，フレームデザインの効果がどのように期待できるかを分析することにする．

　ただし，人工知能問題としてニューカムのパラドックスを再検討することには，今日的な意義があると私は思っている．人工的な高い学習能力に取り囲まれた未来社会をイメージした時，なんとも非合理な人間像が浮かび上がってこないだろうか．これは，しかしながら，本書の範囲を超えた問題ではある．

---

[11]Shafir and Tversky (1992) を参照されたい．

1.9 わかりやすいオークション・ルール

1.9.1 せり上げ入札と二位価格入札

フレームデザインによって戦略的状況を考察するきわめて重要な応用対象は，オークションである．現代社会において，幅広い取引機会と迅速かつ公正な値付けはなくてはならない．特に，電波や電力といったインフラ資源の配分には，よく練られたルールの設計が，本来的には不可欠である[12]．

オークションは，1970年ごろから今日に至るまで，ゲーム理論研究者の最大のテーマのひとつに君臨している．1994年からは，携帯通信事業のための電波ライセンスの配分にオークションの制度設計理論が用いられ，世間に認知されるようになった．また，グーグルはその収益の大半を広告収入で賄っている．それは，特別にしつらえた入札方式である「スポンサードサーチ・オークション」による広告枠配分から得られる収益だ[13]．

オークションのもっとも基本的な問題設定は，売り手一人が単一財1単位を，複数の入札者の誰にいくらで売却するかを決めるという問題だ．その際，一番その財を欲している人に財が割り当てられれば，効率的配分が達成されたとされる．ただし，誰が一番その財を欲しているかは，事前には誰にもわからない．オークションは，入札者の指値などの行動を通じて，効率的な配分が正しく発見できるようにするための仕組みなのである．

世間的にもっともポピュラーなオークション・ルールとされている

---

[12] たとえば，松島（2011, 2012a, 2012b, 2012c, 2013）を参照されたい．

[13] このようなオークション理論の代表的教科書として，Milgrom (2004, 2017), Klemperer (2004), Krishna (2010) などがある．また，スポンサードサーチとは，検索エンジンのサイト上に貼られた広告のことである．複数の広告依頼者が，サイト上のよりよいポジションの獲得を，オークションによって決定している．検索エンジンは，このオークションから，多大な収益を稼いでいる．

のは，せり上げ入札である．せり人がゼロ円（あるいは任意の最低入札価額）からスタートして，少しずつ価格をせり上げていく．入札者は，価格がせりあがる都度，せりから退出するかとどまるかを判断する．いったん退出すると，もうせりには戻れない．とどまっている入札者が一人になった時点でせり上げは終了し，最後までとどまっていた入札者が財を落札し，せり上げ終了時点のせり人の価格を売り手に支払って一件落着となる．

　せり上げには，別ヴァージョンもある．各入札者が自ら指値をせり上げていって，誰もさらにせり上げなくなったことを確認して，最後の指値をした入札者に落札するやり方だ．その際，入札者によるせり上げの値幅をあらかじめ小さく制限しておけば，せり人によるせり上げと入札者によるせり上げは同じルールと考えてよい．多様なヴァージョンはあるものの，せり上げ入札方式は，歴史的にみても，とても人気があるオークションである．

　せり上げ入札には，大きなゲーム理論的特徴がある．各入札者の財評価額を本人が一番わかっていると仮定するならば，つまり，オークション理論の用語を借りるならば，「私的評価（private values）」の仮定下では，各入札者は，自身の財評価額に価格がせり上がるまでは，がまんしてせりに付き合って，丁度自身の財評価額に達した時点でせりから退出するのが，優位戦略になっている．自身の評価額に正直にせり上げに付き合う「正直指値戦略」が，他の入札者の行動がどのようなものであろうとも，常に最適になるのである．

　しかし，せり上げ入札が人気のルールであることの理由は，単にこのような優位戦略の存在にあるだけではない．せり上げ入札以外にも，正直な指値行動が優位戦略になるオークション・ルールは存在している．その代表例は，二位価格入札と呼ばれる方式である．しかし，二位価格入札（second price auction）は，せり上げ入札とはことなり，あまり人気がないのである．

第1章　わかりやすさのための制度設計序説　　**31**

　二位価格入札とは，以下のルールのことである．複数の入札者が同時に封印入札する．封印入札とは，各入札者が指値を決めて，その値を他の入札者に見せないように封印したまま，せり人に提出する入札のことである．全員の指値が集まってから一度に開封して，一番高い指値の入札者が財を落札する．

　二位価格入札は，落札者に，自身の指値ではなく，二位の（次点の入札者の）指値を支払わせるルールである．一般に，封印入札では，落札者自身の指値を支払わせるのが通例であり，この方式を一位価格入札（first price auction）という．このルールは，政府などが物資を調達したり，工事を業者に発注したりするオークション（あるいは売り手が指値する，いわゆるリバース・オークション）によくつかわれる．一位価格入札は，せり上げとならぶポピュラーなルールなのである．

　一方，二位価格入札は，歴史的にもまれなルールであり，私は小切手頒布会の入札くらいしか過去の事例を知らない．もっとも，最近になって，二位価格入札に類似した方式が検索エンジンの広告入札（スポンサードサーチ・オークション）に使われるなど，徐々にではあるが，その知名度は増してきているかもしれない．いずれにせよ，二位価格入札はあまり世間的には好かれてこなかったルールといっていい．

　しかし，人気の高いせり上げ入札のルールをゲーム理論的に，合理的に理解しようとすれば，そのルールのエッセンスは，実は不人気な二位価格入札と同じなのである．

　せり上げ入札における入札者は，せり人の価格がいくらまで値上がりしたらせりから退出するべきか，つまり自身がせりにとどまり続ける「上限価格」を決めなければいけない．もし，上限価格までせりあがった時点でまだ他にせりにとどまっている入札者がいれば，落札できなかったことになる．もし，上限価格に達するより前に，自分を除くすべての入札者が退出した場合には，自身が落札者となり，財を獲得できる．この際に支払わなければならない金額は，最後にせりから

退出した入札者の上限価格になる，つまり，非落札者の中で最も高い上限価格，上限価格全体における「二位価格」，ということになる．

つまり，せり上げ入札ルールの物理的特性だけを取り出してみるならば，それは，入札者が，いくらまでせり上げに付き合うかを示す上限価格をあらかじめ決めて，上限価格が一番高い入札者が落札して，二位の上限価格を売り手に支払うルールであるととらえられる．このことは，せり上げ入札は，物理的ルールとしては，二位価格入札と同じであることを意味する．

標準形ゲームとして数学的に表現するならば，以下のようになる．n 人の入札者がいるとして，プレーヤー集合は

$$N = \{1, 2, \ldots, n\},$$

各入札者（プレーヤー）$i \in N$ の戦略集合は，可能な指値（上限価格）の範囲であるから，

$$A_i = [0, \infty)$$

である．そして，利得関数は

$$u_i(a) = v_i - \max_{j \neq i} a_j \qquad \text{if} \quad a_i > \max_{j \neq i} a_j,$$

$$u_i(a) = 0 \qquad \text{if} \quad a_i < \max_{j \neq i} a_j$$

である．ここで，v_i は，入札者 i の財評価額を金銭であらわしたものである．そして，$\max_{j \neq i} a_j$ は，入札者 i が落札する場合の二位価格にあたる．（もし最高指値 $a_i = \max_{j \neq i} a_j$ の入札者が複数いる場合では，あらかじめ決められたルール，たとえばじゃんけんにしたがって落札者が決められるとする．）これは，二位価格入札とせり上げ入札に共通の標準形ゲームである．

この標準形ゲームには，優位戦略がある．自身の財評価を正直に指値すること，つまり

$$a_i = v_i$$

が優位戦略になっているのである．他の入札者がどのように指値しようとも，財評価額を正直に指値しさえすれば，それが必ず最適戦略になるのである．

入札は，他の入札者の指値がどうであるか，気になるところである．なぜなら，それは，自分が落札できるかどうか，そして，落札した場合の支払額はいくらか，に影響を与えるからである．しかし，他の入札者の指値がどうであるかは，自身がどのような指値をすればいいかについては影響を与えない．せり上げ入札も，二位価格入札も，難しいことを考えずに，ただ単に正直に自身の財評価額を提示すれば，それで **OK** なのである．

財評価額より低く指値すると，落札できる確率を下げてしまうものの，落札時の支払い金額（二位価格）は変化しない．逆に，財評価額より高く指値すると，落札できる確率を高めるかもしれないが，その場合には自身の財評価額より高い値を支払わされる羽目になり，損である．だから，正直に指値する（上限価格を財評価に設定する）のがベストなのである．

にもかかわらず，せり上げはポピュラーなのに，二位価格入札はそうでない．標準形ゲームという物理的ルールだけを扱う合理的なゲーム理論では，この違いをうまく説明できない．

そこで，経済学実験によって，実際の被験者の行動が，せり上げ入札と二位価格入札とで異なるかどうかを検証する研究が，今までにさまざまに行われてきた．その結果，せり上げ入札では，多くの入札者（被験者）は，理論通りに，正直な指値行動をすることが確認できた．実験室でせり上げ方式をきちんと再現してみると，多くの入札者は，せ

34

り人の価格が自身の財評価額までせり上がるのを待って退出したのである．

しかし，二位価格入札を実験してみると，事情はことなった．多くの入札者は，自身の財評価とはことなる金額を指値したのである．特に，財評価額よりも高めに指値する（overbid）傾向が確認された．

どうやら，実験室の入札者は，二位価格入札においてどのように指値を決めたらいいのか，ずいぶん戸惑うようである．正直指値が優位戦略であるにもかかわらず，である．

1.9.2 仮説的思考の必要，不必要

実は，実験室において，入札者は，二位価格入札において，正しい仮説的思考のかわりに，まちがった戦略依存型思考をおこなったのである．そのため，二位価格入札において，優位戦略をプレイできなかったのである．

「私がoverbidすると，そうでない場合よりも，いいことが起こるに違いない．つまり，他の入札者は遠慮がちに指値するに違いない．ならば，overbidして，安く財を手に入れよう．」このような戦略依存型思考によって，高めに指値することを強引に正当化してしまったのである．

一方，せり上げ入札は，限定合理的な入札者にとって，非常にプレイしやすいルールになっている．その理由は，単に正直な指値が優位戦略になっているというだけではなく，入札行動の際に，仮説的思考をほとんど必要としない点にある．そのため，戦略依存型思考が大きな実害をもたらすことはない．

たとえば，入札者が二人いるとして，せり人が価格を0円から100円まで，徐々にせり上げたとしよう．この時点でまだ両入札者はせりから退出していない．そして，各入札者はこの時点でせりから退出するかどうかを決めなければならない．

自身の財評価額が 100 円より高いとしよう．この場合，退出すると，財はもらえず，支払いもせず，利得はゼロ（円）に確定する．

もし退出しないと判断した場合は，これからさらに価格がせり上かっていくとどうなるのかを考えないといけない．ここで，戦略依存型思考の誘惑にかられることになる．例えば，ここで退出しないと，相手がもっと強気になってなかなか退出しなくなるのではないか，といった具合に考えてしまうのである．

しかし，それでも，心配無用である．これから先，自身の財評価額に価格が到達する時点に，あるいはそれよりも前に退出するとしておけば，相手が今後どのようにせりに付き合おうとも，非落札時にはゼロ円，落札時には正の利得が保証される．つまり，今退出するより損をすることはありえない．だから，安心してせりにとどまることができる．

逆に，せり人の価格が自身の財評価額よりも高くなってしまった状況を考えよう．落札すると財評価より高い支払いを請求されることが確定している．他の入札者が今後どのようにふるまおうとも，これは間違いのないことである．ならば，即退出して，落札者になることを回避して，利得ゼロ円を確定したほうがまちがいなく得である．このことは，どんなに不可思議な戦略依存型思考をしたとしても，今までに相手入札者が退出していないという事実だけから，あきらかである．

せり上げ入札では，公開型ゆえに，相手が退出したか否かについての途中経過が随時わかる仕組みになっている．そのため，せり上げが継続しているという事実だけから，戦略依存型思考の誘惑にめげずに，適切に最適な入札行動を割り出すことができるのである．

こうして，せり上げ入札は，二位価格入札とは大いに異なり，戦略依存型思考の罠をのがれて，限定合理的であるにもかかわらず，優位戦略をプレイできるのである．

このことは，せり上げ入札に代表される「公開型」入札の方が，二位

価格入札や一位価格入札といった「封印型」よりも，仮説的思考についての限定合理性の観点から優れているという主張をもたらす．せり上げ入札における優位戦略は，あきらかな優位戦略でもあるのだ．しかし，二位価格入札における優位戦略は，あきらかな優位戦略にはならない．そのため，二位価格入札では，overbid などの非合理な行動を入札者がとってしまうのである．

1.9.3　せり上げプロキシ入札

　さらに現実をみてみよう．確かにせり上げ入札は普及している．たとえば，ネットオークションはせり上げ方式である．しかし，ネットオークションにおける多くの入札者は，「プロキシ（自動入札）」を活用することによって，ネットオークションのせり上げに長い期間付き合わずに済ませて，上手に時間の節約をしている．つまり，多くの現実の入札者は，せり上げ入札だけでなく，このような「せり上げプロキシ入札（ascending proxy auction）」の方法をも受容しているのである．

　ならば，せり上げプロキシ入札は，せり上げ入札と同じくらい，そして二位価格入札よりはるかにプレイしやすいオークション・ルールにちがいない．

　ところが，せり上げプロキシ入札は，二位価格入札と同様，「封印型」の入札ルールである．二位価格入札と同じように，せり上げプロキシ入札においても，各入札者はせり上げの上限価格を，自動入札の指値として，「封印して」提示する．そして，一度に開封して，最高指値の入札者が落札して二位価格を支払うのである．このように同じ物理的ルールの封印入札でありながら，実際の入札者は二位価格入札を嫌い，せり上げプロキシ入札を好んで利用しているのである．

　二位価格入札とせり上げプロキシ入札は，物理的ルールがまったく同じ封印型入札である．ならば，なにが両ルールを分け隔てる要因なのだろうか．この問いは，本書のメインテーマに直結している．すな

わちそれはフレームの違いである．

　せり上げプロキシ入札には，物理的ルールだけでなく，封印入札額を，上限価格に見立てて，入札者の心の中で公開型せり上げ入札をシミュレートする，独自のフレームが付随している．このフレームのおかげで，プロキシ入札の指値をどう決めるかを，混乱なく判断することができるのである．

　せり上げプロキシ入札のフレームとは，具体的には，以下のような心理的プロセスを意味する．セリ人はゼロ円から一円ずつせり上げていく．まず入札者 1 に対して，1 円で購入する意思があるかどうかを尋ねる．あるなら YES，ないなら NO と答える．入札者 1 が NO と答えれば，入札者 2 にゼロ円で落札されると考える．もし YES ならば，せり人はさらに 1 円せり上げて，今度は入札者 2 に対して，2 円で購入する意思があるかどうかを尋ねる．あるなら YES，ないなら NO と答える．入札者 2 が NO と答えれば，入札者 1 に 1 円で落札されると考える．もし YES ならば，せり人はさらに 1 円せり上げて，入札者 1 に 3 円で購入する意思があるかどうか尋ねる．以下同様，どちらかが NO というまでせり上げが継続される．

　上述したプロセスは，あくまで入札者の心の中で行われることである．だから，実際に，せり上げがいくらまで進行しているかなどは，観察されようもない．つまり，せり上げプロキシ入札がせり上げ入札と異なるのは，任意のせり人の価格について，実際に購入の意思を尋ねられることにはならない点にある．

　たとえば，入札者 2 がプロキシの指値を 300 円に設定するならば，それは，せり上げプロキシ入札のフレームにおいては，2 円以上 300円以下の偶数の価格については YES（購入の意思あり）だが，302 円以上に対しては NO（購入の意思なし）という行動を選択することととらえられる．だから，入札者 2 は，任意の正の偶数の価格，たとえば 200 円，で購入の意思があるかどうかを，逐一プロキシの決定の一

部分として決めていかなければならない.

この際, せり上げ入札とはことなり, 本当に200円で購入の意思があるかどうかを質問されるのか, つまり200円未満ではせりが終了していないのかどうか, まだわからない事前の状況において,「仮想的に」決めなければならない. そのため, せり上げプロキシ入札は, 入札者に仮説的思考を強いることになる. これが, 通常の公開型の, せり上げ入札との決定的な違いである.

しかし, せり上げプロキシ入札の重要な特徴は, 以下の点にある. たとえば200円での購入の意思を決める段階では, すでに相手は199円に至るまでにせりから退出しているか, あるいはまだせりにとどまっているか, そして, 退出した場合にはいくらで退出したのかが「不可逆な形」ですでに決定済みである. そのため, 少しだけ限定合理的なプレーヤーは, 決定済みのそれらについては, 200円での購入の意思を決める段階では, 戦略依存型思考の罠から逃れることができる. このことが, 封印入札でありながら, せり上げプロキシ入札をプレイしやすいルールにしている主要因なのである.

例えば,「200円で撤退するといいことがあるに違いない. つまり, 相手はすごく安い価格ですでに退出しているだろう」とか, 逆に「200円で退出しないと, いいことがあるに違いない. この場合には, 相手はすごく安い価格ですでに退出しているだろうから, 安く財が手に入る」といった不可思議な戦略依存型思考をすることから, 逃れることができる. 一方, 二位価格入札では, きちんとしたフレームがないために, このような戦略依存型思考による混乱に陥ってしまう. せり上げプロキシ入札は, せり上げ風のフレームがついているために, このような混乱を回避できるのである.

つまり, せりあげプロキシ入札においては, 優位戦略は, フレームの助けを借りて, ほぼあきらかな優位戦略になるのである.

こうして, 同じ物理的ルールをもつ封印入札でありながら, 二位価

格入札よりも，せり上げプロキシ入札の方が，入札者にとってわかり
やすいオークション・ルールとして愛されることになる．

　せり上げ入札は，仮説的思考を使う必要がないために，戦略依存型
思考の罠を回避でき，よいパフォーマンスを生む．一方，せり上げプ
ロキシ入札は，フレームによって，ある程度仮説的思考を正しく行う
ことを動議付けることによって，戦略依存型思考の罠を回避でき，よ
いパフォーマンスを生む．

　せり上げ入札と二位価格入札は，合理的プレーヤーからみれば，同
じ物理的ルールにしか見えない．しかし，実際には，合理的プレーヤー
にとって不必要な，動学的側面と情報的側面に関する物理的特性につ
いて，双方のルールは大いに異なっている．せり上げ入札は，公開型
であるため，せり上げの途中経過が全入札者に観察できる．二位価格
入札は封印型であるため，そうではない．このような動学的側面と情
報的側面の違いのため，両ルールの比較は，制度設計の物理的な特性
の比較を意味することになる．

　これに対して，二位価格入札とせり上げプロキシ入札はもっと近い
関係にある．封印入札であるという点においては，まったく同じであ
るからだ．しかし，どのようにプレイするかについてのよい心理的プ
ロセス，つまり，よいフレームがせり上げプロキシ入札には不随して
いる．これが功を奏して，せり上げプロキシ入札では，二位価格入札
とは違って，限定合理的な入札者でも合理的にふるまうことができる
のである．

1.10　持続的でない合理性

　本書は，相手プレーヤーの選択が観察できない状況を中心的に考察
している．この状況のことを不完全情報と呼ぶ．これに対して，後手が

図4 ムカデゲーム

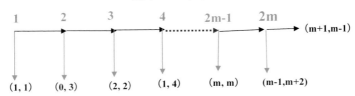

先手の選択を観察できるように，過去の選択決定が観察できる状況のことを，完全情報と呼ぶ．せり上げ入札は，完全情報のゲームである．一方，二位価格入札やせり上げプロキシ入札は，不完全情報である．

完全情報では，仮説的思考を使わなくても，観察事実から合理的な選択を割り出すことができる．一方，不完全情報では，仮説的思考を駆使しないと合理的な選択を割り出すことができない．そのため，フレームの助けが必要になる．しかし，だからと言って，完全情報のゲームの方が合理的選択をより誘導しやすいかというと，必ずしもそうではない．

合理的なプレーヤーが相手の合理的な行動を予測し，きちんと行動計画としての「戦略」を練り上げたとしよう．しかし，プレイがはじまって，予想とはことなる選択を相手がしたという事実を観察したとしよう．この場合には，相手プレーヤーが合理的であるという当初の前提自体を疑う可能性がでてくる．このことは，戦略的相互依存の問題を一層複雑にする．

図4に示されるゲームは，「ムカデゲーム（centipede game）」と呼ばれ，完全情報のゲームの代表的な例である．ムカデゲームは，逐次合理性（sequential rationality）という概念を説明する時によく使われる．逐次合理性は，仮にプレーヤーが合理的選択とはことなる選択をしたとしても，以降再び合理的選択に戻るとする仮定に立脚した合理性概念である．ムカデゲームは，逐次合理性は有用な概念であるけれども，

第1章　わかりやすさのための制度設計序説　　**41**

必ずしも該当しないこともあることを示唆する例でもある．

　図4は，展開形ゲームとよばれる，標準形ゲームとは別の，ゲーム理論の表現形式である．時間とともに各プレーヤーがどのような選択をしていくか，その際にどのような情報を観察できるか，といった，ゲームの動学的側面と情報的側面を記述してくれる．

　ムカデゲームは，プレーヤー二人のゲームであり，手番は全部で2ｍ個あり，奇数手番はプレーヤー1の手番，偶数手番はプレーヤー2の手番である．各手番においては，過去に相手がとった行動がすべて観察できるとする，完全情報が仮定される．

　各手番において，該当するプレーヤーは，プレイを「継続」するか「終了」するかを決定する．だれかが一度でも「終了」を決定すると，その時点でプレイが終了する．

　ムカデゲームの重要な特徴としては，相手がプレイを終了する一つ手前でプレイを終了するのが，各プレーヤーにとって最適になる点である．そのため，展開型ゲームの後ろから，ドミノ倒しのように，終了のタイミングが早まるように「継続」の選択が消去されていくことになる．その結果，どの時点でも，該当する手番のプレーヤーは即プレイを終了し，相手の終了のタイミングに先を越されないとすることが，唯一の均衡（ゲーム理論の用語では，「逐次均衡（sequential equilibrium）」）になる．

　ムカデゲームの経済学的な解釈は，たとえば，プレーヤーがバブルを起こしてつかの間の利益を得ようとするような群集行動は，プレーヤーが逐次合理的である限り生じない，言い換えると，バブルは逐次合理的でないプレーヤーの戦略的相互依存によって起こる，という説明である．

　プレーヤー1は最初の手番でいきなりプレイを終了する（バブルをクラッシュさせる）のが合理的である．しかし，もしプレーヤー1が実際には終了せず継続したならば，それを観察したプレーヤー2はプ

レーヤー 1 のことをどう思うだろうか．たまたま間違って継続とした
と思うのか，あるいは，プレーヤー 1 は実は合理的ではないのではな
いか，と疑うのではないか．

　もし後者であれば，今度は，プレーヤー 1 が，実際には合理的存在
であっても，わざと最初に継続を選ぶことによって，高い利得を獲得
できる可能性を考えようとするだろう．なぜなら，プレーヤー 2 は，そ
れを観察することによって，ゲームをさらに継続させることによって
利益を高めることができると判断するかもしれないからだ．

　このような観点からムカデゲームをゲーム理論的に再定式化する試
みとして，不完備情報の動学ゲームの一連の分析が知られている[14]．本
書では，これ以上は言及しない．

　では，今度は，ムカデゲームを変形して，完全情報でなく，不完全
情報のゲームとしてとらえることによって，「プロキシ・ムカデゲーム」
を考えよう．各プレーヤーの戦略は，どの手番で最初に終了を決定す
るか，その手番を m 個の選択肢から，プロキシとして，選ぶとする．
そして，より小さい方の値の戦略の手番にてゲームのプレイが終了す
ると考えるのである．

　例えば，プレーヤー 1 が手番 3 を選択し，プレーヤー 2 が手番 4 以
上を選択した場合には，手番 3 でムカデゲームのプレイが終了すると
して，達成される利得ベクトル利得は $(2, 2)$ になる．

　仮説的思考と高次元推論に長けた合理的なプレーヤーならば，一番
小さい値を選択するのが，つまり，プレーヤー 1 にとっては 1，プレー
ヤー 2 にとっては 2，が唯一の（弱い意味での）遂次非劣位戦略にな
る．よって，完全情報下のムカデゲームと同じように，最初の手番で
即プレイが終了することになる．

---

[14]Luce and Raiffa (1957), Rosenthal (1981), Kreps and Wilson (1982), Milgrom and
Roberts (1982), Abreu and Matsushima (1992c) を参照されたい．また，Matsushima (2013)
は，ムカデゲームに類似した，不完備情報ゲームによるバブルのモデル分析である．

第1章　わかりやすさのための制度設計序説　　**43**

　重要な点は，プロキシにおける仮説的思考は，あくまでもプレーヤーが合理的であることを前提としてなされることである．「相手プレーヤーは合理的である．しかしどのような行動をとるかはわからない．そこで，さまざまに仮説を立ててみよう」という設定なのである．

　もちろん，「この仮説だけはどうも合理的でなさすぎるから，受け入れられない」とか，「合理的でないという仮説も考えよう」とか，いろいろあろう．しかし，完全情報の場合のような，実際に観察されたことから受ける強い影響力（相手プレーヤーの合理性を疑うほどのインパクト）は，不完全情報（プロキシゲーム）における仮説形成の場合にはおこらない．ここに，完全情報と不完全情報の間に，もうひとつの「超えられない壁」がある．以上のことは，「プレーヤーは，高次元推論できるが，仮説的思考を苦手とする」という限定合理性を前提としても成り立つ．

　プロキシ・ムカデゲームのとっておきのフレームは，通常のムカデゲームをシミュレーションすることである．オリジナルのムカデゲームをそのまま心理的プロセスととらえて，しかし相手の行動は観察できないとする不完全情報の前提をおいて，ほぼあきらかな遂次非劣位戦略はなにかを考えればいい．ならば，お互いに最小の値を選択することが，唯一のほぼあきらかな遂次非劣位戦略プロファイルであることがわかる．

　プロキシ・ムカデゲームは，オリジナルのムカデゲームとは経済学的意味がことなる．プロキシ・ムカデゲームは，ベルトラン流の価格競争をイメージしたものである．つまり，相手より少し低い価格をつけることでシェアを劇的に増やすことができる競争の状況である．フレームにしたがって，プレーヤーは，高い価格から競争的に引き下げられていくのを，心の中でシミュレーションする．このおかげで，結果的に厳格な価格競争が実現することになる．

第2章　フレームデザインのゲーム理論

2.1　あきらかな優位戦略

ゲーム理論は，社会における戦略的相互依存の状態を分析するための応用数学である．戦略的相互依存の物理的ルールは，標準形ゲーム (N, A, u) として定式化される．標準形ゲームのもっとも基本的とされる解（均衡）概念は，優位戦略（dominant strategy）である．優位戦略を補完する概念として，劣位戦略（dominated strategy），および非劣位戦略（undominated strategy）がある．合理的なプレーヤーは優位戦略をプレイする．合理的プレーヤーは劣位戦略をプレイしない．

定義 1. 標準形ゲーム (N, A, u) において，プレーヤー $i \in N$ の戦略 $a_i \in A_i$ は，以下の条件を満たすとき，**優位戦略**である．つまり，任意の戦略プロファイル $\hat{a} \in A$ について，

$$u_i(a_i, \hat{a}_{-i}) > u_i(\hat{a}_i, \hat{a}_{-i}) \qquad \text{if} \quad \hat{a}_i \neq a_i$$

が成立する．また，プレーヤー $i \in N$ の戦略 $a_i \in A_i$ は，以下の条件を満たすとき，**劣位戦略**である．つまり，ある別の戦略 $\hat{a}_i \in A_i \setminus \{a_i\}$ が存在して，

$$u_i(a_i, \hat{a}_{-i}) < u_i(\hat{a}_i, \hat{a}_{-i}) \quad \text{for all} \quad \hat{a}_{-i} \in A_{-i} \equiv \underset{j \neq i}{\times} A_j$$

が成立する．

優位戦略とは，他のプレーヤーがどのような戦略をプレイしようと
も，必ず最適になる戦略のことである．劣位戦略とは，もっとよい別
の戦略が存在して，それをプレイすれば，他のプレーヤーがどのよう
な戦略をとろうとも，よりよい利得が保証されるという意味で，劣位
な戦略のことである．また，劣位でない戦略を非劣位戦略と呼ぶこと
にする．（より正しくは，もっとよい別の「混合（mixed）」戦略の存在
によって劣位戦略が定義される．本書では，簡単化のため，混合戦略
を考慮しない．）

優位戦略や劣位戦略は，仮説的思考，つまり「他のプレーヤーの戦
略プロファイルは a_{-i} であると仮説を立てる．この場合には a_i が最適
である」といった推論的思考を，すべての $a_{-i} \in A_{-i}$ について網羅的
におこない，逐一最適な戦略はなにかを割り出すことによって，よう
やく見出すことができる．このように仮説的思考に長けていることが
要求されるため，優位戦略や劣位戦略は，合理的なプレーヤーを前提
とする概念とされる．

合理的プレーヤーを仮定しない解概念として，Friedman and Shenker
(1996) Friedman (2002)，Li (2017) などにもとづいて，「あきらかな優
位戦略（obviously dominant strategy）」および「あきらかな劣位戦略
（obviously dominated strategy）」を，以下に定義する．

定義 2. 標準形ゲーム (N, A, u) において，プレーヤー $i \in N$ の戦略
$a_i \in A_i$ は，以下の条件をみたすとき，**あきらかな優位戦略**である．つ
まり，任意の別の戦略 $\hat{a}_i \neq a_i$ について，

$$(1) \qquad \min_{\hat{a}_{-i} \in \hat{A}_{-i}} u_i(a_i, \hat{a}_{-i}) > \max_{\hat{a}_{-i} \in \hat{A}_{-i}} u_i(\hat{a}_i, \hat{a}_{-i})$$

が成立する．また，プレーヤー $i \in N$ の戦略 $a_i \in A_i$ は，以下の条件を
みたすとき，**あきらかな劣位戦略**である．つまり，ある別の戦略 $\hat{a}_i \neq a_i$

が存在して，

(2)
$$\max_{\hat{a}_{-i} \in \hat{A}_{-i}} u_i(a_i, \hat{a}_{-i}) < \min_{\hat{a}_{-i} \in \hat{A}_{-i}} u_i(\hat{a}_i, \hat{a}_{-i})$$

が成立する．

　あきらかな優位戦略とは，プレーヤーが限定合理的であるために戦略依存型思考の誘惑を受けるにもかかわらず，その戦略がベストと言い切れる優位戦略のことである．戦略 a_i をプレイする時におこりうる「最悪」の事態は

$$\min_{\hat{a}_{-i} \in \hat{A}_{-i}} u_i(a_i, \hat{a}_{-i})$$

である．別の戦略 $\hat{a}_i \neq a_i$ をプレイした時におこる「最良」の事態は

$$\max_{\hat{a}_{-i} \in \hat{A}_{-i}} u_i(\hat{a}_i, \hat{a}_{-i})$$

である．不等式 (1) は，対抗馬とする任意の戦略 $\hat{a}_i \neq a_i$ について最良の事態を想定しても，そしてターゲットとする戦略 a_i について最悪の事態を想定しても，依然としてターゲットとする戦略 a_i が望ましいことを意味している．これならば，ターゲットとする戦略 a_i は，まさに「あきらかに優位な」戦略といえよう．

　逆に，戦略 a_i をプレイする時におこりうる最良の事態は

$$\max_{\hat{a}_{-i} \in \hat{A}_{-i}} u_i(a_i, \hat{a}_{-i})$$

である．別の戦略 $\hat{a}_i \neq a_i$ をプレイした時におこる最悪事態は

$$\min_{\hat{a}_{-i} \in \hat{A}_{-i}} u_i(\hat{a}_i, \hat{a}_{-i})$$

である．不等式 (1) は，対抗馬とする戦略 $\hat{a}_i \neq a_i$ について最悪を想定しても，そしてターゲットとする戦略 a_i について最良を想定しても，依然として対抗馬 $\hat{a}_i \neq a_i$ の方が望ましいことを意味している．そのような $\hat{a}_i \neq a_i$ がひとつでも存在するならば，ターゲットとする戦略 a_i は，まさに「あきらかに劣位な」戦略といえよう．

　あきらかな優位戦略，あるいはあきらかな劣位戦略は，合理的プレーヤーを仮定しなくても，つまりまちがって戦略依存型思考をとってしまうような限定合理的プレーヤーを仮定しても，その優位性ないしは劣位性がはっきりしていることを意味する．

　図 1 の囚人のジレンマの例では，戦略 D は優位戦略ではあるが，あきらかな優位戦略ではない．戦略 C は劣位戦略ではあるが，あきらかな劣位戦略ではない．だから，この場合には，限定合理的プレーヤーは，C も D も，どちらもとりうると考えざるを得ない．

　同様に，1.9 節の，二位価格入札とせり上げプロキシ入札の例では，正直指値は，弱い意味で優位戦略であるが，弱い意味であきらかな優位戦略ではない．また，正直でない，虚偽の指値は，弱い意味で劣位戦略だが，弱い意味であきらかな劣位ではない．（ここで，「弱い意味」とは，インセンティブを表す不等式を一部等不等号に置き換えて定義しなおすことを意味する．詳しくは，Matsushima (2017b) を参照されたい．）

2.2　フレームの定式化

　物理的ルールとしての標準形ゲーム (N, A, u) をプレイする際のプレーヤーの心理的プロセスを，「フレーム（frame）」と称して，以下のように定義する．我々は，フレームとして記述される心理的プロセスは，複数のプレーヤーに共通するものであり，プレーヤー相互に矛盾

があってはならないことを仮定する．たとえば，プレーヤー1を先手としておきながら，プレーヤー2に先手だと思い込ませるようなフレームの設定は本書の考察対象外とする．

各プレーヤー $i \in N$ は，与えられたフレーム（Γ と表記する）にしたがって，複数回（T 回）のステップを通じて，戦略集合 A_i からどの戦略を選ぶかを徐々に決定していく．まず，ステップ1において，各プレーヤー i は集合 $A_{i,1}$ から行動 $a_{i,1}$ を決定する．ステップ2において，集合 $A_{i,2}$ から行動 $a_{i,2}$ を決定する．以下同様にして，最終ステップ T において，集合 $A_{i,T}$ から行動 $a_{i,T}$ を決定する．最終的に，各プレーヤー i による行動決定のプロファイル

$$a_i^T = (a_{i,1}, a_{i,2}, \ldots, a_{i,T})$$

が確定される．

T 回のステップを通じて逐次的に決定された行動のプロファイルによって，元の標準形ゲーム (N, A, u) における戦略をひとつ選んだことになる．つまり，ある一対一対応 $\delta_i : A_i^T \to A_i$ が存在して，行動決定のプロファイル $a_i^T = (a_{i,1}, a_{i,2}, \ldots, a_{i,T}) \in A_i^T$ を選んだことによって，プレーヤー i は元の標準形ゲームにおける戦略

$$a_i = \delta_i(a_i^T) \in A_i$$

を選んだと考えるのである．ここで，A_i^T はプレーヤー i が T ステップの間に選ぶことができる行動決定のプロファイル全体の集合であり，直積 $\underset{t \in \{1,\ldots,T\}}{\times} A_{i,t}$ の部分集合である．

以下に，フレームの特殊ケースを紹介しておこう．

特殊ケース 1. ($\Gamma = \Gamma^\mu$) 全プレーヤーを，ある一対一対応 $\mu : N \to \{1, \ldots, n\}$ にしたがって並べ替えることによって，フレーム $\Gamma = \Gamma^\mu$ を以下のように特定する．

フレーム Γ^μ は,$T = n$ 回のステップで構成される.ステップ 1 ではプレーヤー $i = \mu^{-1}(1)$ が自身の戦略を,この一回のステップのみで決定する.任意のステップ $t \in \{1, \ldots, n\}$ では,別のプレーヤー $i = \mu^{-1}(t)$ が自身の戦略を,やはりこの一回のステップのみで決定する.つまり,各プレーヤー $i \in \{1, \ldots, n\}$ は,割り当てられたステップ $t = \mu(i)$ において,戦略を一度に決定するのである.

フレーム Γ^μ は,囚人のジレンマにおいて説明された先手後手のフレームを一般化したものである.もちろん,各ステップにおいては,それ以前のステップにおいてどの戦略が選ばれたのかは観察できないとする不完全情報が仮定される.

特殊ケース 2. $(\Gamma = \Gamma^\rho)$ 別のフレームを紹介しよう.それは全プレーヤーの全戦略を一列にならべて,一つ一つ選択するかやめるかを順番に吟味していくやり方である.

デフォールトとして,戦略プロファイル $a^* = (a_1^*, \ldots, a_n^*) \in A$ を任意に固定する.残りの戦略(全部で $\sum\limits_{i \in N} |A_i| - n$ 個ある)を一列に並べる.一対一対応 $\rho : \bigcup\limits_{i \in N} A_i \backslash \{a_i^*\} \to \{1, \ldots, \sum\limits_{i \in N} |A_i| - n\}$ を任意に固定する.各ステップ $t \in \{1, \ldots, T\}$ において,選択するプレーヤーを $i = \mu(t, \rho) \in N$ と表記する.(ここで,$\rho(t) \in A_{\mu(t,\rho)}$ が成立している.)

まず,ステップ 1 において,プレーヤー $i = \mu(1, \rho) \in N$ が戦略 $\rho(1) \in A_i$ を選択するか(行動 1)否か(行動 0)を決める.ステップ 2 において,プレーヤー $i = \mu(2, \rho) \in N$ が戦略 $\rho(2) \in A_i$ を選択するか(行動 1)否か(行動 0)を決める.以下同様に,任意のステップ t において,プレーヤー $i = \mu(t, \rho)$ が戦略 $\rho(t)$ を選択するか(行動 1)否か(行動 0)を決める.

一度でも行動 1(選択する)を選択すると,そのプレーヤーの戦略決定は確定されることになる.そのため,以降の該当するステップで

は行動 0 をとり続けるとする．もしプレーヤー i が最後まで行動 0（選択しない）を貫いた場合には，デフォルトの戦略 a_i^* を選択したとみなされる．

こうして $T = \sum_{i \in N} |A_i| - n$ ステップにわたる心理的プロセスとしてのフレーム $\Gamma = \Gamma^\rho$ が特定される．もちろん，フレーム $\Gamma = \Gamma^\rho$ のプロセスを通じて，不完全情報が仮定されるので，誰がどの戦略を選択したかどうかは一切観察できない．

2.3　ほぼあきらかな優位戦略

完全には合理的でないものの，上手にフレームをデザインすれば，正しい仮説的思考をある程度できるようになるという意味において，「少しだけ」限定合理的なプレーヤーを考察する．標準形ゲーム G において，任意のフレーム Γ にしたがって，各プレーヤーがどの程度仮説的思考を実行できるかを検討する．

任意に与えられたフレーム Γ にしたがって，任意のステップ $t \in \{1, \ldots, T\}$ において，プレーヤー $i \in N$ は行動 $a_{i,t} \in A_{i,t}$ を決定する．その際，プレーヤー i は，ステップ t より以前の他のプレーヤーの行動 $a_{-i}^{t-1} = (a_{-i,1}, \ldots, a_{-i,t-1})$ を観察できない．しかし，プレーヤー i は，ステップ t より以前の他のプレーヤーの行動 $a_{-i}^{t-1} = (a_{-i,1}, \ldots, a_{-i,t-1})$ はすでに決定ずみであり，「不可逆」であることを，正しく認知できるとする．その一方で，ステップ t およびそれ以降の他のプレーヤーの行動については，まだ決定されていないと認知する．

そのため，ステップ t およびそれ以降の行動については，依然として，戦略依存型思考という罠にはまる恐れがある．しかし，それ以前の行動については，観察はできないけれども，不可逆であることの認知から，自身の決定とは無関係に定まっていることを正しく理解でき

52

ると仮定する．そのため，ステップ t 以前の行動については，戦略依存型思考という罠にはまることなく，きちんと仮説的思考ができるとするのである．

　以上の説明にもとづいて，任意のフレーム Γ の助けをかりて，ほぼあきらかな優位戦略（quasi-obviously dominant strategy）およびほぼあきらかな劣位戦略（quasi-obviously dominated strategy）を，以下のように定義する．

定義 3. (Matsushima (2017b))　標準形ゲームおよびフレーム (G, Γ) において，プレーヤー i の戦略 $a_i \in A_i$ は以下の条件をみたすとき，**ほぼあきらかな優位戦略**である．つまり，任意の別の戦略 $\hat{a}_i \neq a_i$ およびステップ $t \in \{1, \dots, T\}$ について，もし

$$\hat{a}_i \in A_i(a_i^{t-1})$$

であるならば，必ず

(3)
$$\min_{\hat{a}_{-i} \in \underset{j \neq i}{\times} A_j(a_j^{t-1})} u_i(a_i, \hat{a}_{-i}) > \max_{\hat{a}_{-i} \in \underset{j \neq i}{\times} A_j(a_j^{t-1})} u_i(\hat{a}_i, \hat{a}_{-i}) \quad \text{for all } a_{-i}^{t-1} \in A_{-i}^{t-1}$$

が成立する．ここで，

$$A_i(a_i^t) \equiv \{\hat{a}_i \in A_i | \hat{a}_i^t = a_i^t\}$$

と定義される．また，標準形ゲームおよびフレーム (G, Γ) において，プレーヤー i の戦略 $a_i \in A_i$ は以下の条件をみたすとき，**ほぼあきらかな劣位戦略**である．ある別の戦略 $\hat{a}_i \neq a_i$ およびステップ $t \in \{1, \dots, T\}$ が存在して，

$$\hat{a}_i \in A_i(a_i^{t-1})$$

$$\hat{a}_{i,t} \neq a_{i,t}$$

および

(4)

$$\max_{\substack{\hat{a}_{-i} \in \times\limits_{j \neq i} A_j(a_j^{t-1})}} u_i(a_i, \hat{a}_{-i}) < \min_{\substack{\hat{a}_{-i} \in \times\limits_{j \neq i} A_j(a_j^{t-1})}} u_i(\hat{a}_i, \hat{a}_{-i}) \ \text{ for all } \ a_{-i}^{t-1} \in A_{-i}^{t-1}$$

が成立する.

定義3におけるステップ t は，プレーヤー i が戦略 a_i と戦略 $\hat{a}_i$ を最初に区別することになるステップである．つまり，$\hat{a}_i^t = a_i^t$ かつ $\hat{a}_{i,t} \neq a_{i,t}$ が成立している.

プレーヤー i はステップ t 以前の他のプレーヤーの行動決定については正しく仮説的思考を行うことができる．しかし，ステップ t および以降の他のプレーヤーの行動決定については，戦略依存型思考のわなにはまってしまう．不等式 (3) は，ターゲットである戦略 a_i については悲観的な予想，対抗馬である戦略 $\hat{a}_i$ については楽観的な予想をたてるとして，ほぼあきらかな優位戦略についてのインセンティブを示したものである．ほぼあきらかな劣位戦略についても同様に理解されよう.

本章における基本的な問いは，優位戦略であるにもかかわらずあきらかな優位戦略ではない場合，はたしてどのようにフレームをデザインすれば，ほぼあきらかな優位戦略になるか，ということである．この際，デザインされるフレームが過度に複雑で，心理的プロセスとしてふさわしくないようであれば意味がない．しかし，実際には，すべての戦略を順に並べておいて（何らかの関数 ρ を設定して），該当するプレーヤーがひとつずつ戦略を選択するべきか否かをチェックしていくプロセス，つまり特殊ケース2のフレーム Γ^ρ を考えれば，他のフレームを考えなくてもいいことが証明できる．この際，あきらかな劣位ではない戦略を，ステップの後半に置くように，関数 ρ を特定することが，限定合理的プレーヤーに仮説的思考をうながすための効果

54

的な工夫となる.

定理 1. (Matsushima (2017b)) あるフレーム Γ が存在して, ある戦略プロファイル $a^* \in A$ がほぼあきらかな優位戦略になる場合には, かならず関数 ρ が存在して, フレーム Γ^ρ においてもほぼあきらかに優位戦略になる.

証明 戦略プロファイル a^* は, フレーム Γ において, ほぼあきらかな優位戦略であるとしよう. 任意の $i \in N$ および $t \in \{1, \ldots, T\}$ について,

$$\bar{A}_i(t) \equiv \{a_i \in A_i \mid a_i \in A_i(a_i^{*t-1}) \quad and \quad a_i^t \neq a_i^{*t}\}$$

と定義する. これは, ステップ t において初めて a_i^* と区別できる戦略全体の集合である.

関数 ρ を以下のように特定する. つまり, 任意の $(i, j) \in N^2, (t, t') \in \{1, \ldots, T\}^2, (a_i, a_j') \in \bar{A}_i(t) \times \bar{A}_j(t)$ について,

$$[t > t'] \Rightarrow [\rho(a_i) > \rho(a_j')]$$

とする. 任意の $i \in N$ および $a_i \in A_i \setminus \{a_i^*\}$ を固定して, ステップ $t \in \{1, \ldots, T\}$ を, $a_i^{t-1} = a_i^{*t-1}$ と $a_i^t \neq a_i^{*t}$ をみたすステップとする. つまり, $a_i \in \bar{A}_i(t)$ とする. この時, 以下の性質が成り立つことがわかる. つまり, 任意の $a_{-i} \in A_{-i}$ について,

$$(5) \qquad \min_{\hat{a}_{-i} \in A_{-i}(a_{-i}^{t-1})} u_i(a_i^*, \hat{a}_{-i}) > \max_{\hat{a}_{-i} \in A_{-i}(a_{-i}^{t-1})} u_i(a_i, \hat{a}_{-i})$$

が成立する.

関数 ρ の特定の仕方から, 以下の性質が成り立つ. つまり, 任意の $j \in C(a_{-i}, i, t, \rho)$ について,

$$A_j(t, \rho) \subset A_j(a_j^{t-1})$$

が成り立つ．ここで，$t = \min[\rho(a_i^*), \rho(a_i)]$ としている．この包含関係，および $a_j \in A_j(a_j^{t-1})$，さらに不等式（5）から，以下が成り立つことがわかる．任意の $a_i \neq a_i^*$ および $a_{-i} \in A_{-i}$ について，

$$\min_{\tilde{a}_{C(a_{-i},i,t,\rho)} \in A_{C(a_{-i},i,t,\rho)}(t,\rho)} u_i(a_i^*, a_{-i-C(a_{-i},i,t,\rho)}, \tilde{a}_{C(a_{-i},i,t,\rho)})$$

$$> \max_{\tilde{a}_{C(a_{-i},i,t,\rho)} \in A_{C(a_{-i},i,t,\rho)}(t,\rho)} u_i(a_i, a_{-i-C(a_{-i},i,t,\rho)}, \tilde{a}_{C(a_{-i},i,t,\rho)}),$$

つまり，不等式 (3) が成立する．よって，定理が証明された． **Q.E.D.**

　囚人のジレンマの二つ目の例である図 3 を再検討しよう．プレーヤー 2 の戦略 1 は，優位戦略であるのみならず，あきらかな優位戦略でもある．しかし，プレーヤー 1 の戦略 1 は優位戦略であるが，あきらかな優位戦略ではない．よって，あきらかな劣位ではない戦略はプレーヤー 1 の戦略 0 だけである．よって，$\rho(1)$ をプレーヤー 2 の戦略 0，$\rho(2)$ をプレーヤー 1 の戦略 0 に設定すれば，戦略プロファイル $(1, 1)$ は，フレーム Γ^ρ においてほぼあきらかな優位戦略になる．

　次に，考察するゲームの範囲を限定して，関数 ρ の形状も限定して，優位戦略がほぼあきらかな優位戦略になるための，標準形ゲームについての必要十分条件を探ってみよう．ここでは，弱い意味でほぼあきらかな優位性を問うことにしたい．

　各プレーヤーの戦略集合を実数の有限集合とし，しかもことなるプレーヤーの戦略集合はことなる実数値によって構成されていると仮定しよう．そして，戦略の順を示す関数 $\rho = \rho^*$ を，実数を小さい順からならべたものと特定化しよう．つまり，

$$[\rho^*(a_i) > \rho^*(a_j)] \Leftrightarrow [a_i > a_j]$$

としよう．以下の命題は，フレーム Γ^{ρ^*} によって，弱い意味での優位

戦略プロファイル a^* が，弱い意味でのほぼあきらかな優位戦略プロファイルになるための必要十分条件を示したものである．

命題 1. (Matsushima (2017b))　戦略プロファイル a^* が弱い意味で優位戦略であるとする．この時，フレーム Γ^{ρ^*} によって，戦略プロファイル a^* が弱い意味でほぼあきらかな優位戦略プロファイルになるための必要十分条件は，以下の通りである．つまり，任意の $(a,i) \in A \times N$ について，プレーヤー i 以外のプレーヤー $j \neq i$ が常に

$$a_j = a_j^* \quad \text{あるいは} \quad \min[a_j^*, a_j] > \min[a_i^*, a_i]$$

をみたしている場合にはかならず

$$u_i(a^*) \geq u_i(a)$$

が成立している．

証明　Matsushima (2017b) を参照されたい．

　命題 1 の条件をみたすケースの好例が，せり上げプロキシ入札である．二人の入札者を考えよう．入札者 1 は正の奇数，入札者 2 は正の偶数をプロキシ入札するとしよう．そして，高い入札額の入札者が財を落札し，低いほうのプロキシ入札額（相手の指値）を支払うとする．これは，物理的ルールとしては，いわゆる二位価格入札と同じであるが，すでに説明されてきたように，正直に自身の財評価額を指値することは，優位戦略ではあるけれども，あきらかな優位戦略ではない．しかし，フレーム ρ^* のもとで，ほぼあきらかに優位戦略になるのである．

　フレーム ρ^* が意味することは，各入札者が心の中でせり上げをシミュレーションすることである．せり人は，ゼロ円から出発して，ステップ 1 において，プレーヤー 1 に，価格 1 円のせり上がりによって

せりから退出するか否かを尋ねる．退出しないなら，ステップ 2 において，今度はプレーヤー 2 に，価格 2 円のせり上がりによって退出するか否かを尋ねる．以下同様に，どちらかが退出するまでせり上げを続ける．

ここでは，実際に公開型せり上げオークションを実施しているのではない．あくまで心の中でおこなう心理的プロセスの記述である．だから，実際にその価格まで値上がりするのかどうかはわからない状況下で，仮説的思考をしなければならない．

重要なことは，任意のせり上げの途中時点において，各入札者は，現時点の価格よりも低い価格においてせりが終了するかどうかについては確定済みであると認知できる点である．そのため，より低い価格については戦略依存型思考のわなを回避できるのである．一方，現時点の価格よりも高い価格提示に対して，各プレーヤーがどのように退出するか否かを判断するかについては，まだ確定されていないため，戦略依存型思考のわなにおちる余地を残している．

命題 1 の条件は，後者の実害がないことを保証する条件になっている．それは，自身の戦略に依存して，他のプレーヤーがプロキシ入札額を高めたり低くしたりするような，戦略依存型思考をしたとしても，優位性の性質には影響を与えないという内容の条件である．せり上げプロキシ入札が，命題 1 の条件をみたしていることは，容易に確認できる．

命題 1 の重要な性質として，フレーム $\Gamma = \Gamma^{\rho^*}$ がゲームの細部から独立に与えられている点にある．たとえば，せり上げプロキシ入札では，実際に指値をどうするかは，各プレーヤーの財評価額に決定的に依存している．財評価額を正直に指値することが優位戦略になるからである．しかし，フレーム Γ^{ρ^*} は財評価の在り方からは独立にデザインされている．だから，フレームデザインは，このような限定されたゲームの範囲内では，細部から独立になる．

58

このことは，囚人のジレンマの例とは対照的である．囚人のジレンマでは，誰を先手にするかは，利得の構造に強く依存するため，フレームデザインが細部から独立であるとはいえない．

2.4　逐次劣位消去にもとづく限定合理性

本書は，プレーヤーは完全には合理的でないとしている．そのため，プレーヤーは，仮説的思考をしなかったり，戦略依存型思考というまちがった推論をしたりする．しかし，それでも，フレームの助けを借りれば，仮説的思考が促進され，戦略依存型思考の弊害を最小限にとどめることができる．だから，本書は，思考のためのヒントがあれば合理的なプレーヤーと同じことがやれるという意味において，「少しだけ限定合理的な」プレーヤーを仮定している．

以下では，プレーヤーは，仮説的思考については混乱するかもしれないが，他の合理的推論については問題なく実行できることを仮定する．特に，高次元推論（higher-order reasoning）とよばれる合理的推論には十分に長けていることを仮定する．

まず，完全に合理的であるプレーヤー，つまり，仮説的思考と高次元推論のどちらにも長けているプレーヤーが，どのような決定をすることができるかを説明しよう．このようなプレーヤーは，フレームの助けを借りる必要なく，劣位な戦略を逐次的に消去していく，つまり高次元推論を貫徹させる，ことができる．そこで，以下のように，逐次非劣位性（iterative dominance）を定義する

定義 4.　以下の戦略集合列 $(A_i(0), A_i(1), \dots)$ を考える．つまり，

$$A_i(0) = A_i$$

とし，任意の $k \geq 1$ について，$A_i(k) \subset A_i$ を以下のように定義する．

$$[a_i \in A_i(k)]$$

$$\Leftrightarrow [a_i \in A_i(k-1), \text{ かつ}, a_i \text{ は戦略プロファイル集合を}$$

$$A(k-1) \equiv \underset{i \in N}{\times} A_i(k-1) \text{に制限した上で非劣位である }].$$

さらに，

$$A_i(\infty) \equiv \overset{\infty}{\underset{k=0}{\cap}} A_i(k)$$

とする．プレーヤー i の戦略 $a_i \in A_i$ は，

$$a_i \in A_i(\infty)$$

であるとき，**逐次非劣位戦略**（**iteratively undominated strategy**）である．

　定義4において，$A_i(k)$ は，全プレーヤーについて，劣位な戦略を k 回逐次的に消去した場合に生き残る，プレーヤー i の非劣位な戦略全体の集合である．劣位戦略を逐次消去して最後まで生き残る戦略のことを，逐次非劣位戦略と呼ぶ．

　もし逐次非劣位戦略が一意に確定するならば，標準形ゲーム (N, A, u) は，遂次非劣位性について「**可解**（**solvable**）」であると言う．

　同様にして，あきらかな逐次非劣位性（obvious iterative dominance）を以下のように定義する．

定義 5. 以下の戦略集合列 $(A_i^*(0), A_i^*(1), \dots)$ を考える．つまり，

$$A_i^*(0) = A_i$$

とし，任意の $k \geq 1$ について，$A_i^*(k) \subset A_i$ を以下のように定義する．

$[a_i \in A_i^*(k)]$

$\Leftrightarrow [a_i \in A_i^*(k-1)$，かつ，$a_i$ は戦略プロファイル集合を

$A^*(k-1) \equiv \underset{i \in N}{\times} A_i^*(k-1)$ に制限した上であきらかな非劣位

戦略である].

さらに，

$$A_i^*(\infty) \equiv \bigcap_{k=0}^{\infty} A_i^*(k)$$

とする．プレーヤー i の戦略 $a_i \in A_i$ は，

$$a_i \in A_i^*(\infty)$$

である時，あきらかな**逐次非劣位戦略**（**obviously iteratively undomi-
nated strategy**）である．

　定義 5 において，$A_i^*(k)$ は，全プレーヤーについて，あきらかな劣
位戦略を k 回逐次的に消去した場合に生き残る，プレーヤー i のあき
らかな非劣位戦略全体の集合である．そして，あきらかな劣位戦略を
逐次消去して最後まで生き残る戦略のことを，あきらかな逐次非劣位
戦略と呼ぶのである．

　あきらかな逐次非劣位戦略が一意に確定するならば，標準形ゲーム
(N, A, u) は，あきらかな遂次非劣位性について「**可解**（**solvable**）」で
あると言う．

　さらに，フレーム Γ の助けを借りて，以下のように，ほぼあきらか
な逐次非劣位性（quasi-obvious iterative dominance）を定義する．

定義 6. (Matsushima (2017b)) 以下の戦略集合列 $(A_i^{**}(0), A_i^{**}(1), \ldots)$ を考える．つまり，

$$A_i^{**}(0) = A_i$$

とし，任意の $k \geq 1$ について，$A_i^{**}(k) \subset A_i$ を以下のように定義する．

$[a_i \in A_i^{**}(k)]$

$\Leftrightarrow [a_i \in A_i^{**}(k-1)$，かつ，$a_i$ は戦略プロファイル集合を

$A^{**}(k-1) \equiv \underset{i \in N}{\times} A_i^{**}(k-1)$ に制限した上で，フレーム Γ に

おける，ほぼあきらかな非劣位戦略である]．

さらに，

$$A_i^{**}(\infty) \equiv \bigcap_{k=0}^{\infty} A_i^{**}(k)$$

とする．プレーヤー i の戦略 $a_i \in A_i$ は，

$$a_i \in A_i^{**}(\infty)$$

である時，フレーム Γ における，**ほぼあきらかな逐次非劣位戦略（quasi-obviously iterative undominated strategy）** である．

　定義 6 において，$A_i^{**}(k)$ は，全プレーヤーについて，フレーム Γ におけるほぼあきらかな劣位戦略を k 回逐次的に消去した場合に生き残る，プレーヤー i のほぼあきらかな非劣位戦略全体の集合である．そして，ほぼあきらかな劣位戦略を逐次消去して最後まで生き残る戦略のことを，ほぼあきらかな逐次非劣位戦略と呼ぶのである．

　もしほぼあきらかな逐次非劣位戦略が一意に確定するならば，標準形ゲーム (N, A, u) は，フレーム Γ におけるほぼあきらかな遂次非劣

位性について「可解（solvable）」であると言う.

逐次非劣位性，あきらかな逐次非劣位性，ほぼあきらかな逐次非劣位性のいずれについても，本書の関心は，該当する戦略プロファイルが一意に定まる，つまり可解である状況の考察である.

仮に，どんなフレームの助けをかりても，ほぼあきらかな優位戦略は存在しないとしよう．その場合でも，囚人のジレンマの例のように，高次元推論を使って，優位戦略プロファイル $(1, 1)$ が，唯一のほぼあきらかな逐次非劣位戦略プロファイルになりうる．この際に利用されるフレームは，先手後手をあらかじめ定めておくフレーム Γ^μ（特殊ケース 1）であった.

フレーム Γ^μ は，後手による仮説的思考の実践を後押ししてくれる．さらには，先手は，高次元推論によって，後手が戦略 1 を選択することを正しく推論することによって，戦略依存型思考のわなから逃れることができる.

囚人のジレンマにみられるこの性質を一般化したのが，以下の命題である.

命題 2. (Matsushima (2017b))　戦略プロファイル $a^* \in A$ は優位戦略プロファイルであるとする．この時，プレーヤーについての任意の並べ替え μ について，$a^* \in A$ は必ず，フレーム Γ^μ における唯一のほぼあきらかな逐次非劣位戦略プロファイルになる.

証明　Matsushima (2017b) を参照されたい.

フレーム Γ^μ を任意に固定しておけば，どのような標準形ゲームを検討しようとも，そのゲームに優位戦略プロファイルが存在する限り，必ずその戦略プロファイルは唯一のほぼあきらかな逐次非劣位戦略プロファイルになる．このことは，フレームデザインはゲームの細部か

ら独立に設定できることを意味する.

本書は,プレーヤーは高次元推論を合理的におこなうことができると仮定する.しかし,仮説的思考については,フレームの助けがない限り,実行できないことを仮定する.

そこで,重要になる問いは,仮説的思考も高次元推論もともに自在におこなうことができる合理的なプレーヤーにできることが,高次元推論は可能であるも仮説的思考の遂行には難があるという意味において限定合理的なプレーヤーにもできるかどうか,である.いいかえると,逐次非劣位戦略プロファイルが一意に定まる,つまり,逐次非劣位性において可解である状況において,おなじ戦略プロファイルが唯一のほぼあきらかな逐次非劣位戦略プロファイルになるかどうか,つまりほぼあきらかな逐次非劣位性においても可解になるかどうか,である.

以下の定理はこのことが成立することを示している.

定理 2. (Matsushima (2017b)) 戦略プロファイル $a^* \in A$ は,任意のフレームによって一意のほぼあきらかな逐次非劣位戦略プロファイルになるならば,そしてそのときのみ,それは一意の逐次非劣位戦略プロファイルである.

証明 Matsushima (2017b) を参照されたい.

逐次非劣位性において可解であるならば,つまり,プレーヤーが十分に合理的で,仮説的思考と高次元推論双方にたけているために可解になるケースであれば,プレーヤーが少しだけ限定合理的で仮説的思考を不得手としていても,フレームを上手にデザインすることによって,可解にすることができる.定理2は,フレームデザインが,完全に合理的なプレーヤーのケースと,そうではないケースのギャップを

みごとに埋めることができることを示している.

定理2の証明では，特殊ケース2のフレーム $\Gamma = \Gamma^\rho$ を利用している．その際，関数 ρ は，早い段階で逐次消去される戦略をステップの後半に位置付けるように特定される．つまり，

$$[t > t', a_i \in A_i(t) \backslash A_i(t-1), \text{ and } a'_j \in A_j(t') \backslash A_j(t'-1)]$$

$$\Rightarrow [\rho(a_i) < \rho(a'_j)]$$

をみたすように，関数 ρ を特定するのである.

そのため，特定の標準形ゲームにおいて定理4に示される同値性を明らかにするためには，フレームを，逐次消去の順番という，その特定の標準形ゲームの細部に依存させてデザインすることが不可欠になる．つまり，定理2が示す性質は，一般的には，フレームデザインにおける細部からの独立性と両立しないのである.

次章では，細部から独立なフレームデザインの可能性をもっと考察したい．しかし，両立可能性を示すためには，考察する標準形ゲームのクラスをある程度限定する必要がある．どのように限定したらいいかについての案を，次章は提示する.

2.5 細部から独立なフレームデザイン

定理2は，任意のゲームにおいて，もし逐次非劣位戦略プロファイルが一意に定まるならば，その戦略プロファイルは，やはり一意の，ほぼあきらかな逐次非劣位戦略プロファイルでもある，という内容であった．これは，フレームの助けを借りれば，多少非合理なプレーヤーでも合理的な決定ができることを示している．これは，フレームによって限定合理性による失敗を回避できることを示す重要な一般定理である.

しかし，問題点は，フレームのデザインの仕方がゲームの細部に依

存している点にある．そのため，本章は，特殊ケース 2（フレーム Γ^ρ）
を拡張して，プレーヤーが少しずつ戦略の範囲を狭めていく心理的プ
ロセスをより一般的に表現するため，特殊ケース 3 として，フレーム
$\Gamma = \Gamma^*$ を導入する．そして，フレーム Γ^* のもとで，多くのことなる
ゲームが，ほぼあきらかな逐次非劣位において可解になる可能性を考
察する．

　これから考察する標準形ゲームでは，各プレーヤーの戦略が T 個の
パーツから構成されているとする．つまり，

$$A_i \subset A_{i,1} \times \cdots \times A_{i,T}$$

とする．そして，フレーム Γ^* を，T ステップからなるプロセスとし
て，以下のように特定する．

特殊ケース 3. ($\Gamma = \Gamma^*$)　任意のステップ $t \in \{1, \ldots, T\}$ において，各プ
レーヤー $i \in N$ は，戦略の t 番目のファクターである $a_{i,t} \in A_{i,t}$ を決定
する．

　任意の標準形ゲーム $G = (N, A, u)$ を考える．このゲームは遂次非劣
位性において可解であるとし，遂次非劣位戦略プロファイルが一意に
存在することを仮定する．以下において，フレーム Γ^* の下で，それが
一意のほぼあきらかな逐次非劣位戦略プロファイルになるための十分
条件を示す．

　一意に定まっている逐次非劣位戦略プロファイルを $a^* = (a_i^*)_{i \in N}$ と
しよう．そして，各プレーヤー i の戦略の部分集合として，

$$\bar{A}_i(t) \equiv \{a_i \in A_i \mid a_{i,\tau} = a_{i,\tau}^* \ for\ all\ \ \tau \in \{t+1, \ldots, T\}\}$$

を定義する．これは，ステップ $t+1$ 以降は逐次非劣位戦略 a_i^* に従う
戦略全体の集合である．

我々はさらに，逐次非劣位戦略 a_i^* について，以下のことを仮定する．つまり，任意のステップ t において，全プレーヤーがステップ $t+1$ 以降 a^* に従うことを前提とした上で非劣位戦略を考えると，それは必ずステップ t においても a_i^* に従う，つまり $a_{i,t}=a_{i,t}^*$ をプレイする，ことを意味すると仮定する．つまり，任意のステップ $t \in \{1,\ldots,T\}$ について，

$$A_i(T-t) \subset \bar{A}_i(t)$$

が必ず成立することを仮定する．

　この仮定が成り立つならば，フレーム Γ^* における各ステップ t において，以降のステップにおける相手プレーヤーの行動が a^* に従うことは確定しているのだから，戦略依存型思考のわなにかかることはなくなるので，a_i^* をほぼあきらかな逐次非劣位戦略としてプレイできることになる．

　この仮定をみたさない場合でも，一意の逐次非劣位戦略プロファイルが，フレーム Γ^* の下で，一意のほぼあきらかな逐次非劣位戦略プロファイルになることもありえる．しかし，それはきわめてまれであろう．なぜなら，各ステップにおいて排除できない行動がでてくると，前のステップにおいて，戦略依存型思考の餌食になる恐れがあるからである．

　次の章において，フレーム Γ^* によって，ゲームの細部に左右されない，ほぼあきらかな逐次非劣位における可解性の好例として，「アブルー・松島メカニズム」を考察する．

2.6 アブルー・松島メカニズム

2.6.1 社会的選択問題

本章は，配分問題，あるいはより一般的に，社会的選択問題を考察する．配分集合を C と表記する．本章は，配分集合 C のなかから望ましい配分 c をひとつ選ぶ，という問題を考えるのである．

望ましいとされる配分を $c^* \in C$ と表記する．具体的にどの配分が望ましいのか，つまり望ましい配分 c^* がなにかは，配分を決定する時点ではごく一部の人にしかわかっていないとする．しかし，配分が決定された後には，望ましい配分 c^* が判明する．

配分を決定する時点では，3 人の経済主体（プレーヤー）が望ましい配分 c^* を知っているとする．しかし，望ましい配分が c^* であることを他者に立証することはできないとする．

配分問題における基本的な問いは，3 人がはたして望ましい配分が c^* であることを，配分の決定をつかさどる中央当局に，正直に表明するインセンティブをもつかどうか，である．

たとえば，3 人のプレーヤーに各々配分を表明させるとしよう．そして，多数決によって，中央当局は配分を決定するとしよう．この時，たとえば，二人以上のプレーヤーが共通して同じ配分 c を表明した場合には，中央当局は c を決定することになる．もし 3 人ともにことなる表明をした場合には，デフォールトである現状維持の配分 $\bar{c}$ を決定するとしよう．

この場合，任意の配分 $c \in C$ について，3 人とも c を表明することが，かならずナッシュ均衡になってしまう．また，二人が c^* 以外の任意の配分を共通に表明し，残りのひとりが正直に c^* を表明することも，c^* がプレーヤーにとって不都合な配分であるならば，やはりナッシュ均衡になってしまう．つまり，単なる多数決ルールでは，均衡がたくさ

ん存在することになるので，3人に正直に表明させることを保証しないのである．そのため，もっと丁寧に，配分のための制度的仕組みを設計しないといけない．

ひとつの案としては，配分決定後，望ましい配分 c^* が判明した時点で，虚偽表明をしたプレーヤーに高額の罰金を科すというやり方が考えられる．各プレーヤーは，高額の罰金を恐れて，正直に表明するインセンティブを持つようになる．そのため，この場合には，正直表明は優位戦略，あるいはあきらかな優位戦略になると考えられる．

しかし，高額の罰金を科すという約束は実効性に乏しいので，罰金はごく少額に限定されるべきである．しかし，少額の罰金であれば，各プレーヤーは，虚偽表明から正直表明に切り替えても，配分の変化から受ける損失が罰金免除を上回る可能性がある．ならば，少額の罰金では虚偽表明のインセンティブは排除できないことになる．

以上を踏まえて，本章では，ごく少額の罰金のみを使って，正直表明が唯一の遂次非劣位戦略になるように，配分と罰金の決定メカニズムをデザインすることを考察しよう．このような，正直表明の一意性，可解性を，社会的選択問題において検討することは，「遂行問題（implementation problem）」と呼ばれている．

本章は，まず，遂行問題を合理的に解決するメカニズムデザインである「アブルー・松島メカニズム」を紹介する．アブルー・松島メカニズムは，遂次劣位消去を推論できる，つまり仮説的思考と高次元推論に長けている，という意味で合理的なプレーヤーを前提とする．そのため，本章のメインテーマとしては，前章で導入したフレーム Γ^* の助けを借りて，アブルー・松島メカニズムのゲームが，望ましい配分 c^* の設定とは無関係に，つまり細部から独立な仕方で，限定合理的プレーヤーを対象としても，つまり，ほぼあきらかな遂次非劣位性においても，可解であることを解説する．

2.6.2 アブルー・松島メカニズム

プレーヤーは3人とする（$n = 3$）．任意の正の実数 $\varepsilon > 0$ を固定する．これは罰金の額であり，十分にゼロに近い，ごく少額とする．また，任意の正の整数 T を固定する．T は十分に大きな整数であるとする．

アブルー・松島メカニズムを，以下のように定義する．各プレーヤーの戦略集合を

$$A_i = A_{i,1} \times \cdots \times A_{i,T}$$

とする．$a^{(t)} = (a_{i,t})_{i \in N}$ と表記する．任意の $t \in \{1, \ldots, T\}$ について

$$A_{i,t} = C$$

とする．アブルー・松島メカニズムでは，プレーヤー i は，「望ましい配分はなにか」という同じ質問に T 回答えることになる．この際，その都度ことなる回答をすることも許される．

中央当局は任意の整数 $t \in \{1, \ldots, T\}$ をランダムに選んで，t 番目の表明をもとに，先ほど説明した多数決ルールによって配分を決定する．さらに，配分決定後，望ましい配分 $c = c^*$ が立証されてから，以下の罰金ルールに従って，虚偽表明したプレーヤーに罰金 ε を請求する．

表明の順番の入れ替え（permutation）$\mu : \{1, \ldots, T\} \to \{1, \ldots, T\}$ を任意に固定する．そして，μ に照らして「最後に」虚偽表明したプレーヤーにのみ罰金 ε を科すとする．それ以外のプレーヤーは，たとえ虚偽表明していても，罰せられない．この罰金のルール設定の仕方が，アブルー・松島メカニズムの最大の特徴であり，可解性を保証するカギになる．

形式的には，アブルー・松島メカニズムは，(A, g, x) と表記される．ここで，$A = \underset{i \in N}{\times} A_i$，$g : A \to \Delta(C)$，$x = (x_i)_{i \in N}$，および $x_i : A \times C \to \{0, \varepsilon\}$ とする．（$\Delta(C)$ はランダムな配分決定全体の集合を表す．）配分ルール g

70

は

$$g(a) = \frac{\sum_{t=1}^{T} g^*(a^{(t)})}{T}$$

と特定される．ここで，$g^*: C^3 \to C$ は，上述した多数決ルールである．罰金ルール x は

$$x_i(a, c) = \varepsilon \qquad \text{if there exists} \quad t \in \{1, \ldots, T\} \quad \text{such that}$$

$$a_{i, \mu(t)} \neq c, \text{ and}$$

$$a_{j,k} = c \quad \text{for all} \quad k > \mu(t) \quad \text{and} \quad j \in N,$$

$$x_i(a, c) = 0 \qquad \text{otherwise}$$

と特定される．

このように特定されたアブルー・松島メカニズムにおいてプレイされる標準形ゲーム $G = (N, A, u)$ は，

$$N = \{1, 2, 3\}$$

$$A_i = C^T$$

$$u_i(a) = v_i(g(a)) - x_i(a, c^*) = \frac{\sum_{t=1}^{T} v_i(g^*(a^{(t)}))}{T} - x_i(a, c^*)$$

と特定される．（利得関数については，期待効用，additive separability，リスク中立性を仮定する．）

最後に，ε は非常に小さく，T は十分に大きいとし，不等式

$$(6) \qquad \varepsilon > \frac{1}{T} \max_{(\omega, c, c', i) \in \Omega \times C^2 \times N} \left| v_i(c, \omega) - v_i(c', \omega) \right|$$

が成立すると仮定する．

2.6.3 フレーミング・アブルー・松島メカニズム

先行論文である Abreu and Matsushima (1992a, 1992b, 1994)，Matsushima (2008a, 2008b, 2017) を頼りに，我々は，アブルー・松島メカニズムの下では，各プレーヤーが望ましい配分 c^* を，質問の最初から最後まで，正直に表明することが，唯一の遂次非劣位戦略プロファイルになることを証明することができる．

質問の回数 T は十分に大きいため，$\mu(T)$ 番目の質問では誰も嘘をつかない．なぜならば，嘘をつくと，ε の罰金を払うことになるが，不等式 (6) のために，その不効用は配分の変化による効用よりも大きいからだ．他のプレーヤーが嘘をついていない場合には多数決ルールより配分は変化しないことも考慮すると，$\mu(T)$ 番目の質問に対してはどのプレーヤーも決して嘘をつかないことがわかる．同様の論法によって，後方帰納法によって，$\mu(T-1)$ 番目の質問，$\mu(T-2)$ 番目の質問，…，$\mu(1)$ 番目の質問においても，嘘をつくことが得策でないことを証明できる．こうして，正直表明のみが遂次消去を通じて生き残ることになる．

重要な点は，アブルー・松島メカニズムは，ごく少額の罰金だけを使うことによって，望ましい配分はどれか，さらにはプレーヤーの利得構造はどうか，といった配分問題の細部とは無関係に，遂次非劣位における可解性を保証できることにある．この性質は，任意の入れ替え μ について，かならず成立する．

アブルー・松島メカニズムによるこのような可能性定理は，あくまでプレーヤーが合理的であることを前提としている．ならば，プレーヤーが「少しだけ」限定合理的であった場合に，アブルー・松島メカニズムは，ほぼあきらかな可解性をも保証するだろうか．

そこで，2.5 節において導入されたフレーム Γ^* を使って，「細部から独立なフレームデザイン」の考え方を応用してみよう．

アブルー・松島メカニズムのゲームにおいては，入れ替え μ が指示

する順番の逆から虚偽表明が遂次消去されていく．そのため，フレーム Γ^* が 2.5 節における説明のようにうまく機能するためには，μ が恒等写像，つまり

$$\mu(t) = t \quad \text{for all} \quad t \in \{1, \ldots, T\}$$

であればよい．つまり，フレーム Γ^* に即して「最後に」虚偽表明したプレーヤーが罰せられるとすればいいのである．

一方，たとえば，μ を

$$\mu(t) + t = T + 1 \quad \text{for all} \quad t \in \{1, \ldots, T\}$$

とした場合では，フレーム Γ^* に即して「最初に」虚偽表明したプレーヤーが罰せられることになる．この場合，アブルー・松島メカニズムは，遂次非劣位性においては可解性をみたすけれども，ほぼあきらかな遂次非劣位性においては可解性をみたさないことになる．このように，フレームデザインとメカニズムデザインを，恒等写像によって，シンクロナイズさせることが，フレーミング効果にとって，重要になるのである．

2.7　不完備情報への拡張

今までは，ゲームの構造が全てのプレーヤーにとって「周知の事実（common knowledge，共通知識）」であることが仮定されていた．つまり，各プレーヤーはゲームの物理的ルールを熟知していることを暗黙の前提とした．特に，お互いの利得関数の構造は熟知されているとした．このような状況設定は，「完備情報（complete information）」と呼ばれている．

しかし，現実的には，各プレーヤーはゲームの構造を熟知していない．たとえば，各プレーヤーは，自分以外のプレーヤーの利得関数をよ

く知らない．このような状況は「不完備情報（incomplete information）」と呼ばれている．

　本書の最後になるこの章では，今までの議論を不完備情報に拡張することが検討される．プレーヤーは，社会状態（ω と記述する）を正確には知らない．しかし，各プレーヤー $i \in N$ は社会状態についての断片的な情報（私的情報，あるいはタイプ ω_i ）を個人的に入手しており，この情報だけをもとに，どのように意思決定するかを決める．全員のもつ断片的な情報を集めれば，真の社会状態がわかると仮定しよう．そのため，

$$\omega = (\omega_1, \ldots, \omega_n)$$

と表記する．

　不完備情報の場合，各プレーヤー $i \in N$ は，社会状態についての自分の知らない部分 $\omega_{-i} = (\omega_j)_{j \neq i}$ がどのようなタイミングで決定されているのかについて，どのように知覚しているか，がとても重要になる．社会状態の全体像は，自身が戦略を決定する前に既に確定しているのか，あるいは，自身が戦略を決定する後になって確定するのか，についての知覚の違いが大きな差を生むことがある．

　図 5 は，囚人のジレンマの例であるが，利得の構造が，社会状態 ω と ω' で大きく異なっている．プレーヤー 1 の利得は社会状態 ω の方が 10 ポイント高くなっている．

　プレーヤー 1 は社会状態がどちらかを全く知らない状況下で，戦略 C か D を選択しなければならない．ただし，社会状態に関係なく，戦略 D が優位戦略になっている．一方，プレーヤー 2 はどちらの社会状態でも同じ利得構造になっていて，戦略 D がやはり優位戦略になっている．

　さらに重要な点としては，社会状態を所与とすると，どちらのプレーヤーにとっても戦略 D があきらかな優位戦略になっている点である．

図5　不完備情報下の囚人のジレンマ

状態 ω

player 2

		C		D	
		C		D	
Player 1	C	-3	-3	-5	0
	D	0	-5	-2	-2

状態 ω'

player 2

		C		D	
Player 1	C	-13	-3	-15	0
	D	-10	-5	-10	-2

したがって，社会状態が事前にわかっている完備情報であれば，戦略プロファイル (D, D) は常にあきらかな優位戦略プロファイルであるため，本書で議論されてきた仮説的思考にまつわる問題は生じない．

　しかし，プレーヤー 1 が社会状態を知らない場合には，以下のように，仮説的思考の問題が発生する．もし，プレーヤー 1 が，社会状態は事前に確定しており，単にそれを観察できていないと知覚するのであれば，「仮に社会状態が ω であるならば，どうすべきか」，「仮に社会状態が ω' であるならば，どうするべきか」といった具合に，仮説的思考をおこなうことができるはずである．なぜならば，プレーヤーは，この場合には，社会状態が不可逆な仕方で確定済みであると認知するからだ．

　問題が発生するのは，プレーヤー 1 が，社会状態は選択の後に決まると知覚する場合である．社会状態は，プレーヤーの選択とは無関係に決定される．このことを熟知していても，戦略依存型思考の罠にかかってしまう．

すなわち,「戦略 D を選択すると,その場合には悪い状態 ω' であるにちがいない」,逆に「戦略 C を選択すると,その場合にはよい状態 ω であるにちがいない」などと予想してしまう.これでは,もはやフレームをどのように定めたとしても,戦略 D をほぼあきらかな優位戦略に見立てることはできない.

一般的に,社会状態が選択の後に決まると知覚される場合には,利用できるフレームの範囲が著しく制限されることが考えられる.相手プレーヤーが社会状態について情報を得てから選択するケースならば,相手プレーヤーは心理的プロセスの後の方で選択するとされなければならないからである.

したがって,本章の目的のためには,各プレーヤーが,事前に社会状態は確定しており,それを観察できないために不完備情報になっていると知覚していることを仮定する必要がある.そうすれば,社会状態については,各プレーヤーは戦略依存型思考のわなに陥ることはない.この仮定の下では,2.5 節の「細部から独立なフレームデザイン」の議論は,以下のように,容易に,不完備情報に拡張できる.

これから考察する標準形ゲームにおいては,各プレーヤーの戦略が T 個のパーツから成り立っているとする.つまり,

$$A_i = A_{i,1} \times \cdots \times A_{i,T}$$

とする.そして,このゲームのクラスに限定した上で,フレーム Γ^* を,T ステップからなるプロセスとして特定する.

各プレーヤーは私的情報(タイプ)$\omega_i \in \Omega_i$ の時に戦略 $a_i = s_i(\omega_i) \in A_i$ を選択する.ここで,関数 $s_i : \Omega_i \to A_i$ を,プレーヤー i の「戦略ルール」と呼ぶことにする.各プレーヤー $i \in N$ は,戦略ルール s_i にしたがうならば,任意の社会状態 $\omega \in \Omega$ において戦略 $s_i(\omega_i) \in A_i$ を選択する.

任意の戦略ルール・プロファイル $s^* = (s_i^*)_{i \in N}$ について,以下のことを仮定する.任意の社会状態 $\omega \in \Omega$ において,戦略プロファイル

$s^*(\omega) = (s_i^*(\omega_i))_{i \in N} \in A$ が唯一の遂次非劣位戦略プロファイルである
と仮定する．注意するべきは，この仮定は，ことなる社会状態といえ
ども，タイプが不変であれば，同じ戦略が唯一の遂次非劣位戦略になっ
ていることを意味する点である．このように，不完備情報の制約下で
も，合理的プレーヤーにとっては，直面するゲームが可解になること
を仮定する．この仮定の下で，限定合理的プレーヤーにとっても可解
になるかどうかを確認していく．

任意の社会状態 ω について，各プレーヤー i の戦略の部分集合として，

$$\bar{A}_i(t, \omega_i) \equiv \{a_i \in A_i \mid a_{i,\tau} = s_{i,\tau}^*(\omega_i) \ for \ all \ \tau \in \{t+1, \ldots, T\}\}$$

を定義する．これは，フレーム Γ^* におけるステップ $t+1$ 以降は，遂
次非劣位戦略 $a_i^* = s_i^*(\omega_i)$ に従う戦略全体の集合である．

我々は，遂次非劣位戦略ルール・プロファイル s_i^* について，以下の
ことを仮定する．任意のステップ t において，全プレーヤーがステッ
プ $t+1$ 以降 $s^*(\omega) = (s_i^*(\omega_i))_{i \in N}$ に従うことを前提とした上で非劣位戦
略を考えると，それは必ずステップ t においても $s_i^*(\omega_i)$ に従う，つま
り，任意の社会状態 $\omega \in \Omega$ および $t \in \{1, \ldots, T\}$ について，

$$A_i(T-t, \omega) \subset \bar{A}_i(t, \omega_i)$$

が成立することを仮定するのである．ここで，$A_i(T-t, \omega)$ は，社会状
態 ω に対応するゲームにおける部分集合である．

以上の仮定下で，任意の社会状態 ω において，$s_i^*(\omega_i)$ が唯一のほぼ
あきらかな遂次非劣位戦略にもなっていることが，2.5 節と全く同様に
示される．このように，完備情報におけるフレームデザインは，不完
備情報にも拡張することができるのである．

最後に

　本書は，心理学をゲーム理論と融合させることによって，より実践的な制度設計のための基礎理論を構築する，新しい試みである．そのため，この試みは端緒についたばかりといえる．現時点において，今後に展開されるべきアプローチの可能性を明確に指摘することは，本書の範囲を大きく超えるものである．しかし，本書においてプレーヤーが「少しだけ」限定合理的であると仮定されている点においては，さらに深い考察の余地を大きく残していると言わざるを得ない．

　たとえば，プレーヤーは，高次元推論については完全に合理的であると仮定されたが，これはあきらかに現実的でない．つまり，レベルK問題と称される限定合理性についても，仮説的思考の失敗とともに，ひとつのフレームワークにおいて議論されるのが望ましいだろう．しかし，展開型ゲームとして記述されるフレームは，それをレベルK問題の解決のためとみるか，仮説的思考の問題の解決のためとみるかによって，そのフレーミング効果についての評価は大いにことなる可能性が考えられる．

　たとえば，Glazer and Rubinstein (1996) は，アブルー・松島メカニズムの問題において，展開形ゲームを完全情報として定式化し，最初の虚偽表明者のみを罰することが，高次元推論の促進に大きな効果をもたらすと説明している．これは，本書の仮説的思考におけるフレーミング効果とは，ずいぶんことなるものである．なぜならば，本書では，最後の虚偽表明者を罰することが効果的であると説明されたからだ．

　そのため，複数のことなる限定合理性の問題を，一括して解決する

ようなフレームの設計は，とても重要な挑戦であるけれども，より重層
的な，複雑なシステムとして考えていかなければならないように思う．
しかし，現時点で筆者にこの問題の解決の糸口は見つかっていない．

参考文献

Abreu, D. and H. Matsushima (1992a): "Virtual Implementation in Iteratively Undominated Strategies: Incomplete Information," Unpublished manuscript, Princeton University.

Abreu, D. and H. Matsushima (1992b): "Virtual Implementation in Iteratively Undominated Strategies: Complete Information," *Econometrica* 60, 993–1008.

Abreu, D. and H. Matsushima (1992c): "A Response to Glazer and Rosenthal," *Econometrica* 60, 1439–1442.

Abreu, D. and H. Matsushima (1994): "Exact Implementation," *Journal of Economic Theory* 64(1), 1–19.

Charness, G. and D. Levin (2009): "The Origin of the Winner's Curse: A Laboratory Study," *American Economic Journal: Microeconomics*, 207–236.

Crawford, V. and N. Iriberri (2007): "Level-k Auctions: Can a Nonequilibrium Model of Strategic Thinking Explain the Winner's Curse and Overbidding in Private-Value Auctions?" *Econometrica* 75, 1721–1770.

Esponda, I. (2008): "Behavioral Equilibrium in Economies with Adverse Selection." The *American Economic Review* 98, 1269–1291.

Esponda, I. and E. Vespa (2014): "Hypothetical Thinking and Information Extraction in the Laboratory," *American Economic Journal: Microeconomics* 6, 180–202.

Esponda, I. and E. Vespa (2016): "Contingent Preferences and the Sure-Thing Principle: Revisiting Classic Anomalies in the Laboratory," Working paper.

Evans, J. (2007): *Hypothetical Thinking, Dual Processes in Reasoning and*

Judgement, Psychology Press.

Eyster, E. and M. Rabin (2005): "Cursed Equilibrium," *Econometrica* 73(5), 1623–1672.

Friedman, E. (2002): "Strategic Properties of Heterogeneous Serial Cost Sharing," *Mathematical Social Sciences* 44, 145–154.

Friedman, E. and S. Shenker (1996): "Synchronous and Asynchronous Learning by Responsive Learning Automata," Unpublished manuscript.

Glazer, J. and A. Rubinstein (1996): "An Extensive Game as a Guide for Solving a Normal Game," *Journal of Economic Theory* 70, 32–42.

Harstad, R. (2000): "Dominant Strategy Adoption and Bidders' Experience with Pricing Rules," *Experimental Economics* 3(3), 261–280.

Jehiel, P. (2005): "Analogy-based Expectation Equilibrium," *Journal of Economic Theory* 123, 81–104.

Kahneman, D. (2011): *Thinking, Fast and Slow*, Penguin Books.

Klemperer, P. (2004): *Auctions: Theory and Practice*, Princeton University Press.

Kreps, D. and R. Wilson (1982): "Reputation and Imperfect Information," *Journal of Economic Theory* 27, 253–279.

Krishna, V. (2010): *Auction Theory*, Academic Press.

Li, S. (2017): "Obviously Strategy-Proof Mechanisms," *American Economic Review* 107, 3257–3287.

Luce, D. and H. Raiffa (1957): *Games and Decisions*, New York: John Wiley and Sons.

Matsushima, H. (2008a): "Role of Honesty in Full Implementation," *Journal of Economic Theory* 127, 353–359.

Matsushima, H. (2008b): "Behavioral Aspects of Implementation Theory," *Economics Letters* 100, 161–164.

Matsushima, H. (2013): "Behavioral Aspects of Arbitrageurs in Timing Games of Bubbles and Crashes," *Journal of Economic Theory* 148, 858–870.

Matsushima, H. (2017a): "Dynamic Implementation, Verification, and Detection," CIRJE-F-1058, University of Tokyo.

Matsushima, H. (2017b): "Framing Game Theory," CIRJE-F-1072, University of Tokyo.

Milgrom, P. (2004): *Putting Auction Theory to Work*, Cambridge University Press.

Milgrom, P. (2017): *Discovering Prices*, Columbia University Press: New York.

Milgrom, P. and J. Roberts (1982): "Predation, Reputation, and Entry Deterrence," *Journal of Economic Theory*, 27, 280–312.

Nagel, R. (1995): "Unraveling in Guessing Games: An Experimental Study," *American Economic Review* 85, 1313–1326.

Nickerson, R. (2015): *Conditional Reasoning: The Unruly Syntactics, Semantics, Thematics, and Pragmatics of "If "*, Oxford University Press.

Rosenthal, R. (1981): "Games of Perfect Information, Predatory Pricing, and the Chain-store Paradox," *Journal of Economic Theory* 25, 92–100

Shafir, E. and A. Tversky (1992): "Thinking through Uncertainty: Nonconsequential Reasoning and Choice," *Cognitive Psychology* 24(4), 449–474.

Thaler, R. and C. Sunstein (2008). *Nudge: Improving Decisions about Health, Wealth, and Happiness*, Yale University Press.

Tversky, A. and D. Kahneman (1986): "Rational Choice and the Framing of Decisions," *Journal of Business* 59, 251–278.

松島斉（2011）:「電波オークション成功の条件」日本経済新聞「経済教室」（12 月 2 日）

松島斉（2012a）:「電波オークションまったなし―日本を変えるマーケットデザイン」経済セミナー（2 月号）

松島斉（2012b）:「4G 周波数オークション・ジャパン設計案」連載「オークションとマーケットデザイン」第一回，経済セミナー（2012 年 6, 7 月号）

松島斉（2012c）:「4G 周波数オークション・ジャパンにおけるルール設計：情報開示インセンティブと複雑性緩和」「季刊経済学論集」78(2), 28–45.

松島斉（2013）:「複数種財取引のオークションについての経済学実験：逐次一位価格入札，時計入札，VCG メカニズムの比較分析」（joint with 照山博司），「季刊経済学論集」79(1), 東京大学経済学会

著者紹介

松島　斉

1983 年　東京大学経済学部卒業

1988 年　東京大学大学院経済学研究科博士課程修了
　　　　（経済学博士）

1994 年　東京大学大学院経済学研究科助教授

現在　　東京大学大学院経済学研究科教授

　　　　エコノメトリック・ソサエティー終身会員

　　　　三菱経済研究所研究員

わかりやすさのための制度設計
―ゲーム理論と心理学の融合―

2018 年 3 月 28 日　第 1 刷発行
2018 年 10 月 10 日　第 2 刷発行

定価　本体 1,500 円＋税

著　　者　　松　島　　　斉

発 行 所　　公益財団法人　三菱経済研究所
　　　　　　東 京 都 文 京 区 湯 島 4-10-14
　　　　　　〒 113-0034 電話 (03)5802-8670

印 刷 所　　株 式 会 社 国 際 文 献 社
　　　　　　東 京 都 新 宿 区 高 田 馬 場 3-8-8
　　　　　　〒 169-0075 電話 (03)3362-9741 〜 4

ISBN 978-4-943852-65-0